한림신서 일본학총서 80

언어로 살펴본 일본 문화

한림신서 일본학총서 80

언어로 살펴본 일본 문화

스즈키 다카오 지음 | 이길원 옮김

小花

머리말

문화라는 말에는 여러 의미가 있고 쓰임 또한 다양하다. 일반적으로 사람들은 이 말을 좁은 의미로 문학, 음악, 미술이라는 인간의 예술활동과 결부시켜 이해하는 경우가 많은 것 같다. 또 문화국가, 문화인, 문화적인 생활과 같은 표현을 통하여 뭔가 대단히 격조 높은 것인 양, 문화를 생각하는 사람도 적지 않다고 생각한다.

그러나 이 책 속에서 필자가 문화라고 호칭하는 것은, 어떤 인간집단에 특유하게 존재하는 것으로 어버이로부터 자식에게, 조상으로부터 자손에게 학습에 의해 전승되어 가는 행동 및 사고방식의 고유한 틀을 말하는 것이다. 문화를 이와 같은 것으로 받아들이는 것은 언어학이나 인류학의 영역에서는 상식처럼 되어 있다.

예를 들면 일본인은 자기 자신을 가리킬 때 집게손가락으로 자신의 코끝을 찌르는 듯한 동작을 취한다. 이에 반해서 많은 서양인들은 엄지손가락으로 자신의 가슴부분을 찌르는 듯한 동작을 취한다. 이 두 가지 다른 행동양식은 문화의 차이를 나타내고 있는 것이라고 할 수 있다. 즉 문화란 인간의 행동을 지배하는 모든 원리 속에서 본능적이고 천성적으로 얻어지는 것을 제외한 나머지인 전승성이 강한 사회적 강제의 분야를 가리키는 개념이라고 생각해도 좋겠다.

그런데 인간의 언어활동의 대부분에도 이러한 문화의 정의가 적용된다. 인간은 태어났을 때는 그저 울 뿐이었다. 그러나 성장함에 따라 말을 하게 된다. 그리고 구체적인 어떤 언어를 어떻게 말하게 되는가 하는 것은 그 인간을 둘러싸고 있는 사람들에게 완전히 의존되는 것이다.

이 책의 목적은 말이라는 것이 얼마나 문화적이고, 또 문화로서의 말이 말 이외의 문화와 어떻게 관계하고 있는가를 가능한 한 쉬운 말로 설명하는 데 있다.

언어문제에 관심이 높은 요즘, 말에 대한 책, 특히 언어학의 전문해설서 같은 종류에는 훌륭한 책이 결코 적지 않다. 그러나 말의 문제에 흥미를 가지고 말의 비밀, 언어의 구조에 대해 깊이 알고 싶어하는 일반의 독자가 가볍게 접하고 어느새 말의 불가사의와 말의 재미에 푹 빠지는 입문서 같은 책은 그다지 많지 않은 것 같다.

필자는 이 작은 책자가 이러한 말 연구의 입문서 중 하나로 중요한 역할을 할 수 있게 되길 바란다. 다만 한 가지 미리 말해 둘 것이 있다. 그것은 필자의 생각으로는 어떠한 학문영역의 입문서라도 이미 알려져 있는 여러 사실의 단순한 나열이어서는 안 된다는 것이다.

입문서란 그 학문 특유의 견해를 나타내는 것이어야 한다. 그리고 그 견해란 바로 동적인 정신활동이기 때문에, 입문서는 그것을 쓰는 저자의 고유한 견해와 분리시킬 수 없는 것이다. 이러한 의미에서 필자는 이 책 속에 주저없이 필자 개인의 말이라는 것에 대한 생각을 필자 자신의 독특한 방법과 구체적인 예를 들어 꽤 대담하게 전개해 보았다.

따라서 만약 언어학의 전문가나 문화연구에 종사하고 계시는 분들이 이 책을 접했을 경우 어떠한 형태로든지 엄격한 비판을 해주시기를 당부드리고 싶다.

1973년 4월 10일

게이오대학 언어문화연구소에서

스즈키 다카오

차례

I. 말의 구조, 문화의 구조

공시적(共時的) 전개와 통시적(通時的) 전개

몇 년 전의 일인데, 필자는 미국인 언어학자 T씨와 도쿄에서 친하게 되었다. 그는 원래는 아메리카 인디언의 언어를 전문적으로 연구하고 있었는데, 제2차 세계대전 후 일본에 군인으로 체류한 적도 있고 해서 최근에는 일본어의 역사나 방언에도 흥미를 나타내기 시작하더니 결국에는 부인과 딸 셋을 데리고 도쿄에 와 버렸다. 부인은 이탈리아계 사람으로 초등학교 선생님이었다.

그는 낡은 일본 집을 한 채 빌려 다다미와 방석, 겨울에는 고다쓰(이불 속에 넣는 난로)와 화로를 사용하고, 딸 셋은 일본학교에

입학시키는 등 일본식 생활에 적응하려는 자세였다.

어느 날, 미국 학자의 습관대로 그는 언어학 관계를 연구하는 많은 친구, 지인(知人)들을 집에 초대했다. 우선 이탈리아식 오징어 안주로 칵테일을 마신 후, 별실에서 저녁식사를 하게 되었다. 모두 자리에 앉자, 테이블에는 고기요리와 샐러드 등이 놓여 있었는데, 특이한 것은 흰쌀밥이 일본의 사발에 가득 담겨 있는 것이었다.

다다미 위에 앉아 있다는 것, 흰쌀밥이 놓여 있다는 것, T씨들이 일본식 생활을 실행하고 있다는 것 등이 겹쳐, 잠시 필자는 T씨들이 이 밥을 주식으로 하고 반찬을 곁들여 먹는구나 하고 생각하게 되었다. 그래서 눈앞의 고기가 든 접시를 들고 그것을 옆 사람에게 건네려고 했을 때 필자는 T씨의 부인이 조금 이상해 하는 낌새를 알아차리게 되었다.

뭔가 잘못 되었구나라고 생각한 필자는 밥은 고기와 같이 먹는가, 아니면 밥만 먹는가 하고 묻자, 부인은 웃으면서 먼저 밥을 드시라고 말하는 것이었다.

필자는 그때 퍼뜩 알아차렸다. 이 밥은 이탈리아 요리의 마카로니나 스파게티처럼 수프에 해당하는 것이라는 것을. 과연 그것은 기름과 향신료로 요리한 일종의 필래프(Pilaf: 쌀에 고기, 야채를 섞어 기름에 볶은 다음 수프로 쪄서 향료를 가미한 요리) 같은 것이었다.

식사라는 것은 여러 가지 조건에 제약된 문화라는 구조체의 중요한 부분이다. 무엇을 언제 먹을까, 그것을 어떻게 먹을까, 먹어서 안 되는 것은 무엇인가 등에 관한 것은, 어느 나라의 식사에도 여러 가지 제한이나 규칙이 관습처럼 존재한다.

가톨릭 신도는 금요일에는 짐승의 고기를 먹지 않고, 이슬람 신도는 돼지고기를 먹지 않는다고 하는 것 등은 누구라도 잘 알고 있는 사실일 것이다.

그러나 이처럼 뭔가를 먹어서는 안 된다는 명시적인 규칙은 외국인에게도 비교적 알기 쉽다. 그런데 자기 나라의 음식과 같은 것이 외국의 식사 속에 있으면서 그 음식과 다른 음식과의 관계가 자기 나라의 식사방식과 다르다는, 즉 같은 음식물이 식사 전체에서의 가치가 문화에 따라 다른 것에서, 어려운 문제가 발생하는 것이다.

흰쌀밥은 일본 음식의 경우에는 처음 식사할 때부터 끝날 때까지 먹는다라기보다는 쌀밥만을 집중적으로 먹는 것은 오히려 좋지 않은 것으로 간주하고 있다. 반찬 먹고 밥, 밥 먹고 국 식으로 밥 먹고 국과 반찬을 이것저것 두루 먹지 않으면 예절이 좋다고는 말할 수 없게 된다.

그래서 일본 음식에서 쌀밥과 다른 음식의 관계는 병렬적, 동시적이라고 할 수 있다. 국에서 시작해서 향신료에 이르기까지 밥과 함께 먹는 것이 좋다.

그런데 식사의 한 단계마다 한 가지 요리를 먹어 치우는 통시적 전개방식의 성격이 강한 식사문화도 있다. 서양의 여러 나라에서는 이러한 경향이 강한데, 이탈리아의 식사도 예외는 아니다. 이탈리아에서는 면 종류나 쌀 요리 등은 미네스토라라고 해서, 본격적인 고기요리를 먹기 전에 먹어 치우는 것이다.

필자가 사발에 수북이 담겨 있는 흰밥을 보고, 반찬과 같이 먹으려고 했던 실수는 일본의 식사문화에 존재하는 어떤 항목을 다른 식사문화 속에서 찾았기 때문에 이것을 자신의 문화에 내재하는 구조로 이해하고 일본적인 가치를 부여하려고 했던 것에 기인한다.

문화의 단위를 이루고 있는 개개의 항목(사물이나 행동)이라는 것은, 그 하나하나가 다른 항목에서 독립한 그 자체로 완결된 것이 아니라 다른 여러 가지 항목과 일종의 서로 끌어당기고 밀치는 대립을 하면서 상대적인 가치가 결정되어 가는 것이다.

자신의 문화에 있는 문화항목(예를 들면 어떤 종류의 음식물)을 다른 문화 속에서 찾았다고 해서 곧바로 그것을 같은 것이라고 생각해 버리는 것은 잘못이다. 그것은 그 항목에 가치(의미)를 부여하는 전체 구조가 대부분의 경우 다르기 때문이다.

문화의 항목과 보편적 가치

일반인은 자기 문화의 이러한 구조를 의식하고 있지 않을 뿐 아니라 자각도 못하고 있다. 그래서 자신의 문화에 존재하는 항목에 대해서 그 자체가 절대적이고, 어디에나 통용이 되는 가치를 가지고 있는 것처럼 생각하기 쉽다. 이 점은 말이라고 하는 문화의 중요한 구성요소를 바르게 이해하는 데 아주 중요한 점이기 때문에 말 이외의 예를 하나 더 들기로 한다.

일본인이 친구나 아는 사람과 만났을 때, 가장 보편적인 인사는 머리를 숙여서 절하는 인사이다. 그런데 그 일본인이 머리를 숙이는 인사 대신에 서양인은 일반적으로 악수를 한다는 사실을 알면, 누구에게나 악수를 청하게 된다. 즉 머리를 숙이는 인사와 서양식 악수를 서로 비슷한 가치를 가진 행동이라고 해석하기 때문이다. 그런데 실제로 머리를 숙이는 일본식 인사는 일본인 사이에서는 누구에게도 가능한 것이지만, 악수하는 인사법은 일본인 사이에서 누구에게나 가능한 것은 아니다. 예를 들면 이쪽은 남자이고, 상대방은 부인일 경우에는 상대방이 손을 내미는 것을 기다리는 것이 예의로 되어 있는 나라도 있다. 만난 사람이 그 누구라도 이쪽에서 손을 내미는 것은 잘못하면 오해를 불러일으킬 소지도 있는 것이다.

이상의 두 가지 예를 통해서 말할 수 있는 것은 우리들이 서로 다른 문화가, 그것도 한정된 범위에서 접할 때 개개의 문화요소를 통괄하는 전체 구조를 파악하는 것은 힘들고, 대개의 경우 자신이 경험한 일부 혹은 특수한 실례를 일반적으로 확대 해석해 버리는 경향이 있다는 것이다. 더구나 이 일반화는 반드시 자신의 문화구조에 맞추어 해석해 버린다는 데 문제가 있다.

우리들이 외국어를 학습할 때에도 지금 설명한 것처럼 이러한 식으로 자국어의 구조를 자신도 모르는 사이에 먼저 그 대상(외국어)에 맞추어 이해하려는 방법을 취하기 쉽다. 따라서 여러 가지 잘못된 이해와 해석이 생겨나는 것도 당연하다.

'break'란 어떠한 뜻인가

아주 간단한 예로서 영어의 break란 동사를 생각해 보자. 우선, 학교에서 "창문을 깬 사람은 누구입니까? Who broke the window?" 라든지 "그 녀석 스키를 타다가 다리를 부러뜨렸다. He broke his leg." 등의 예문을 통해서 break란 단어의 사용법을 배운 중학생은 "아 알았다. break란 단어는 '깨다' 라든지 '부러뜨리다' 라는 의미구나" 하고 외워 버린다.

그래서 영작문 시간에 이러한 지식을 살려 "어제 큰 수박을 칼로 둘로 깨어(일본어의 경우는 수박을 쪼개는 것도 창문을 깨다와 같은 동사를 사용함) 그리고 8조각으로 잘랐다."(한국어의 경우, 수박을 둘로 잘라 8조각 내었다)라는 표현을 "I broke a big watermelon in two with a knife and…" 처럼 쓰고는 잘 썼다고 생각하고 있는데 선생님으로부터 이런 경우에는 break를 쓰는 것은 이상하니, cut라는 단어를 써야 한다고 지적받게 된다. "하지만 선생님. break는 '깨다' 라는 뜻이 아닙니까?" 라고 말하면, 그것은 때와 경우에 따라서 다르기 때문에 하나 외웠다고 아무 데나 쓰면 틀리기 쉽다고 꾸중을 듣게 된다.

이번에는 "팔을 부러뜨렸다"라는 문장에서 응용하여, 종이 접기, 접은 금(자국) 등의 뜻으로 break를 사용하면, 이것도 틀렸다 이런 경우에는 fold를 쓴다고 가르쳐 준다.

다음으로 전기를 끊는 기계는 break라고 하는데, 보통 가정집의 퓨즈박스 안에 있다는 것을 공업시간에 배우게 된다. "아 그렇구나. break란 단어는 '끊다' 라는 뜻으로도 쓰이는구나" 하고 이해하고는 영어시간에 "못에 양복이 걸려 찢어져 버렸다"라는 뜻으로 I broke my coat라고 말하면 선생님은 이런 경우에는 tear라고 한다고 가르쳐 주신다.

이쯤 되면 마침내 화가 나게 되고, 화가 난 학생이 "선생님 영어는 엉터리네요. 규칙이 아무것도 없지 않습니까?"하고 물으면 "말이란 수학과는 달리, 규칙만으로는 안 된다. 주의 깊게, 끈질기게 공부해야 하는 것이다"라고 말씀하신다. 학생들이 자연적인 추리 응용 능력을 발휘할 수 없는 분야라는 의미에서 어설프게 머리가 좋은 학생일수록 어학공부를 잘 못하게 되는 경우가 많다.

조금 과장된 이야기라고 생각할지 모르지만 이러한 중학생의 고민은 외국어 학습자에게는 언제까지나 따라다니는 본질적인 고민거리인 것이다. 대학생이 쓴 영작문에서조차 이러한 종류의 오용으로 가득하다고 해도 결코 과언은 아니다.

어찌하여 이러한 결과를 낳는가 하면, 말의 의미나 사용법에는 구조가 있고, 그것이 언어에 따라 다르다는 인식이 있어야 하는데, 가르치는 입장에서는 그러한 인식을 하지 못했기 때문이다.

말의 구조성과 사전의 기술

구조와 무관하게 어떤 특정한 경우에만 적합한 항목 대 항목의 대조에 시종 초점을 맞추었던 것이 종래의 외국어 교수법(이 단어는 여기에서는 이렇게 해석한다는 식)이었고, 그 전형적인 것이 실은 사전인 것이다.

예를 들어 break라는 단어를 가까이 있는 사전에서 찾아보면 (1)깨뜨리다, (2)꺾다, (3)부수다, (4)끊다 등의 식으로 사전이 크면 클수록 10가지, 20가지나 break에 대응하는 적당한 일본어 동사가 열거되어 있다. 이래서는 학습자가 혼란을 일으키는 것은 당연하다. break에 대한 일본어의 '쪼개다' '꺾다' 라는 뜻 등은 그 사용법에서 아주 일부분밖에 대응하지 않기 때문에 대응 가능한 경우를 예문이나 실례로만 나타내서는 안 되고, 대응하는 경우와 동시에 대응하지 못하는 경우도 나타낼 필요가 있는 것이다. 그렇지 않으면 앞에서 언급한 악수와 인사의 경우와 같이 부적당한 일반화가 나타나는 것을 막을 수 없게 된다. 그런데, 이 방지책은 종래의 어떠한 사전에도 취급하고 있지 않다.

외국어의 어떤 특정한 한 단어에 대해서 많은 일본어를 나열적으로 대응시켜 가면, 그 말을 안심하고 쓸 수 있는 범위는 확실히 넓어진다. 그러나 그와 동시에 부적당한 일반화의 위험범위 [그림 1]의 사선부(斜線部)도 점점 넓어지는 얄궂은 결과에 빠지는 것도 피할 수 없게 된다.

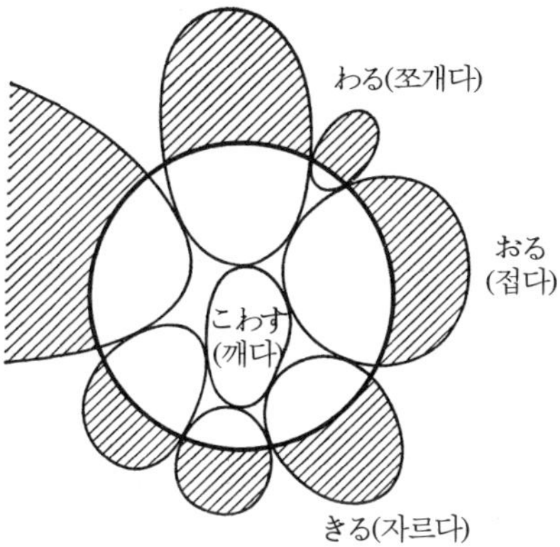

굵은 선으로 그린 원은 break의 사용범위
가는 선으로 그린 원은 일본어 동사의 범위

[그림 1]

이러한 어려움의 원인은 반복해서 말하면 다음의 두 가지 점을 간과하고 있기 때문이다.

첫째로, 어떤 단어라도 그 말을 포함한 언어 속에서 다른 말, 특히 그것과 유사한 말과 밀접한 상호 대립 관계에 놓여 있다. 그래서 이 관계를 구조적으로 파악하지 않으면 안 된다는 점이다.

둘째로, 비록 어떤 외국어의 단어 사용법이 자국어의 특정한 말의 그것과 어떤 경우에 합치한다고 해서 자국어의 그 단어의 다른 사용법까지 들어맞는다고 생각해서는 안 된다는 점이다.

왜냐하면 언어가 다르면, 그 각각에 포함되어 있는 개개의 단어가 가지는 구조 또한 다른 것이 보통이기 때문이다. 이 점은 앞에서도 언급했지만 다른 두 형태의 식사라는 문화에 포함된 특정한 항목이 비록 동일하다고 해도 식사 전체 속에서의 위치, 즉 가치가 다르다는 것과 같은 것이다.

실제로 말을 구조적으로 파악하지 않으면 안 된다는 사고는, 과거 약 20년간 다소 표현의 차이는 있었어도 많은 언어학자의 기본적인 생각이었고, 거의 일치된 방향을 향해, 의미나 사용법의 분석 및 기술방법이 개발되어 왔다. 다만 유감인 것은 여러 이유로 이것이 실제 교육이나 사전 편집에는 거의 이용되지 않고 있다는 것이다.

주로 유럽 및 일본 학자들이 주장한 이 방법은 간단히 말하면 "어떤 말의 내용을 잘 파악하기 위해서는 그 말의 사용법을 규정하고 있는 필요충분한 조건을 발견하고 기술하는 것"이라고 말할 수 있다.

'마시다'(のむ)와 'drink'의 구조비교

이러한 것을 가까운 예로 설명하면 다음과 같다. 일본어의 '마시다'(飲, 呑, 嚥, 喫 등)라는 동사는 도대체 어떠한 조건 아래에서 사용되는가를 생각해 보기로 하자. '마시다'라는 행위의 대상이 되는 것은 우선 물, 술, 차, 커피 같은 액체를 생각할 수 있다. 그러나 약도 마시는 것으로 이것은 반드시 물약에 한정하는 것은 아니다. 가루약이나 정제도 마실 수 있다. 심지어 담배도 '마신다'고 한다. 그러나 이 때는 명백히 연기를 들이마시기 때문에 마신다고 한다.

이와 같은 분석에서 제1단계로서 일본어의 '마시다'는 대상의 양상에 대해서는 아주 제한이 적다고 할 수 있다. 즉 액체, 고체, 기체의 어느것에 대해서도 '마시다'라고 할 수 있다는 것이다.

여기서 '마시다'와 대응된다고 생각되는 영어의 'drink'에 대해서 같은 방법으로 사용조건을 조사해 보자. drink할 수 있는 것은 물, 차, 커피, 술 등이 있는 것에는 의심의 여지가 없다. 어떤 종류의 수프에도 drink라는 단어를 쓸 수 있다. 딱딱한 음식물에는 당연히 drink를 쓸 수 없다. 또 가루약이나 환약을 drink한다고는 말하지 않는다. 일본어로는 담배를 '마신다'라고도 하는데, 이때의 '마시다'는 영어로 smoke이지 drink는 아니다.

그래서 drink란 그 대상이 액체의 경우에만 사용한다는 것을 우선 알 수 있다. 그러나 그것만으로는 충분한 조건이 아니다. 액체라면 어떤 것이나 drink라는 동사를 쓰면 되느냐 하면 그렇지도 않기 때문이다. 예를 들면 액체로 된 약, 즉 물약은 drink라고 하지 않고 take라고 한다. 또 원래 마시는 것이 아닌 액체, 예를 들면 가정에서 사용하는 라이터 기름이라든가 금속의 녹을 없애는 액체 같은 것에는 유독물이 많아, 어린이가 잘못해서 마시면 생명이 위험하게 되는 것도 있다. 이러한 액체를 넣은 용기 외측에 미국에서는 fatal, if swallowed라는 표시가 있는 것이 보통이다. fatal, if drink라고는 하지 않는다. 즉 통상 마시는 것이 아닌 것이라든지 약이나 독극물 등은 그것이 비록 액체라도 drink라고는 하지 않는다.

이러한 관찰을 일반적인 표현으로 정리해 보면 영어의 drink란 "사람의 몸을 유지하는 데 도움이 되는 액체를 입을 통해서 체내로 넣는 행위"라고 하면, drink에 대한 총체적인 바른 해석이라고 할 수 있을 것이다. 그리고 동시에 이것은 drink와 take나 smoke, swallow 등과 같이 입을 통해서 무언가를 체내에 섭취하는 행위에 관한 일련의 동사와 구조적으로 서로 다름을 부각시키는 것도 된다.

이에 비해 종래의 사전의 설명처럼, drink와 부분적으로만 대응하는 일본어의 '마시다' '취하다' '삼키다' 등을 열거하는 방법으로는, 독이나 약도 일본어에서는 '마시다' 라고 할 뿐 아니라, 어린이가 잘못해서 핀이나 반지를 삼키는 것까지도 '마시다' 라고 하기 때문에 이러한 것에 대해 drink를 써 버리고 마는 잘못을 쉽게 저지르게 된다.

비록 수많은 예문을 들어 바르게 사용하는 경우를 제시한다고 해도 그것에는 한계가 있는 것이다. 그래서 결국 부적절한 확대해석을 피하는 것은 어렵게 된다. 이처럼 drink를 구조적으로 이해해두면, 일본어의 '마시다' 라는 단어가 어떠한 구조를 가지고 있는가에 대한 보다 구체적인 이해가 가능하게 된다. '마시다' 는 "무엇인가를 입을 통해서 씹지 않고 체내에 섭취하는 것" 이라고 말할 수 있다.

밥은 보통 먹는 것이지만, 생선 가시가 목에 걸렸을 때는 밥 덩어리를 씹지 말고 삼켜도 좋다라고 할 때는 '삼키다' 가 영어의 drink와 달리 섭취하는 대상의 형상이나 성질에 관한 제한을 전혀 갖지 못하고, 오히려 입을 통해서 체내에 무엇인가를 넣는 방법이 주가 되어 사용한 말이 된다.

'break'의 구조적인 기술

이야기를 앞의 break로 되돌리기로 한다. 말의 기술 사용조건을 확실히 한다고 하는 방법적인 의미로 이 동사의 용법을 분석하면, break란 우선 무언가의 외부적인 힘을 갑자기 가함으로써 물체가 두 개 이상의 부분으로 나뉘는 것이라고 할 수 있다(이야기를 간단하게 하기 위해서 여기서는 고찰을 우선 구체적인 사용법에 한하여 정하였지만, 이것을 알면 이른바 비유적인 사용법도 결국은 유사한 관점에서 있다는 것을 이해할 수 있다). 나뭇가지를 꺾다, 유리를 쪼개다, 전류를 끊다 등에 break가 사용되는 것은 모두 이러한 경우로서 이제까지 통일적 연속적으로 존재하고 있었던 힘을 갑자기 가함으로써 두 개 이상으로 나뉘는 것을 의미하기 때문이다. 팔을 부러뜨리다(おる), 나뭇가지를 꺾다(おる)라고 할 때에는 break를 쓸 수 있지만. 종이를 접다(おる)라고 할 때에는 fold를 써야 하는 것은 이 때문이다.

한편 일본어의 'おる(부러뜨리다, 꺾다)'는 외부적인 압력을 가해서 무언가를 두 부분으로 나눈다는 점에서는 break와 같지만, 그 결과로 나타난 두 부분이 각각 따로따로 나뉘는 것을 필요조건으로 요구하지 않는다는 점이 다르다. 가지나 팔이 부러져 두 부분으로 나뉘어졌다고 해도, 이것은 다만 재질에 찰기가 없어서 그렇게 된 것에 지나지 않는다. 그렇기 때문에 철사를 ㄱ자 모양으로 구부린다라든가 무릎을 구부린다 등으로 말할 수 있는 것이다(영어로는 bend라고 한다). 그런데 영어에는 무엇인가에 힘을 가해서 둘 이상으로 나눈다는 의미를 지니는 중요한 말이 하나 더 있다. 그것은 cut라는 단어이다. 이것은 무언가 예리한 칼날 같은 도구로 분할한다는(나눈다는) 뜻으로만 사용한다. 이러한 연유로 "강한 바람 때문에 전선이 끊겼다"라고 일본어로 말해야만 할 때에 영어로는 cut가 아니라 break를 쓰는 이유를 알 수 있을 것이다. 일본인은 이러한 경우에 바로 cut라고 말해 버리기 쉬운데 이것은 일본어의 '切る: 자르다, 끊다'가 반드시 예리한 칼날 같은 매개체를 필요로 하지 않기 때문이다. 그래서 결국 break란 "칼날 이외의 다른 외부의 힘을 갑자기 가해서 무언가를 둘 이상으로 떨어지게 하는 것"이라는 것을 알 수 있다. break를 이와 같이 이해해 두면 어떠한 사건이나 인간의 행위를 봐도 이것이 영어로 break라고 할 수 있을지 어떨지 자신 있게 판정할 수 있게 되는 것이다.

노출된 문화와 숨겨진 문화

어떤 나라 사람들의 생활이나 사고를 구석구석까지 지배하고 있는 그 나라의 문화라는 것은 거기에서 태어나 살아온 사람들에게는 공기의 존재와도 같아서 원래 자각하기 어려운 것이다. 사람들은 대체로 자신의 나라에 존재해 있는 모든 것은 당연하고, 그 이외의 존재나 관습 등은 있을 수 없는 것이라고 생각하며 일생을 살아간다.

물론 오늘날처럼 TV, 신문 등의 정보수단이 발달하고, 외국여행을 하는 사람도 늘어 시내에서 외국인을 보는 것이 그렇게 드물지 않게 된 시대에는 보통 사람들도 나라가 다르면 풍속 습관이 다르고, 사람들의 행동도 다르다는 정도는 알고 있다. 그러나 보통 사람들이 이해하는 이른바 문화의 차이라는 것은 비교적 쉽게 눈에 띄는 구체적인 현상에 한한 것이 많다. 일부 학자가 공공연한 문화(overt culture)라고 부르는 문화의 측면이 바로 그것이다.

식사의 경우를 다시 예로 들면 일본에서는 나무젓가락을 사용하지만, 미국, 유럽에서는 스푼, 나이프, 포크를 사용한다는 것이 이에 속한다. 또 일본인은 성게알젓이나 계란을 날것으로 먹지만, 미국이나 유럽 쪽에서는 피로 만든 소시지나 양 골로 만든 된장 같은 것을 먹는다. 그리고 외국인은 잘도 그러한 것을 먹는구나 하고 저마다 생각하는 것도 공공연한 문화항목의 차이와 관련되어 있다.

이 현재적(顯在的)인 문화에 대해서 쉽게 눈으로 파악할 수 없는, 즉 그것만으로는 좀처럼 알아차리기 어려운 드러나지 않은 문화를 숨겨진 문화(covert culture)라고 부른다. 식기를 예로 들면, 현재는 일본인도 스푼이나 포크 등을 꽤 익숙하게 사용하며, 특히 젊은이들은 젓가락보다 더 잘 사용할 정도이다. 그러나 잘 관찰해 보면 서양인과 그 사용법이 미묘하게 다르다. 예를 들면 일본인은 스푼으로 수프를 먹을 때, 스푼을 얼굴과 평행이 될 정도의 각도

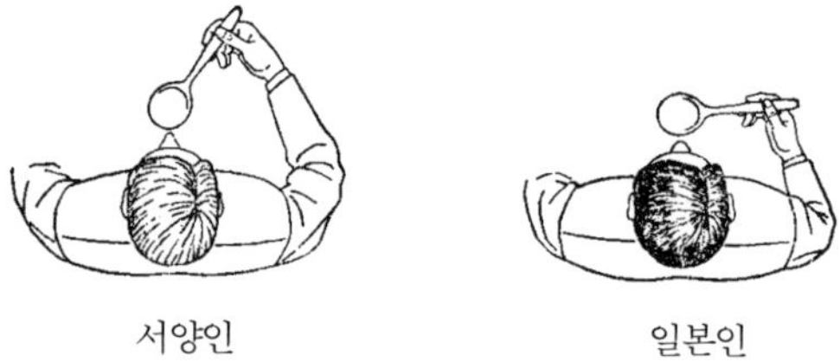

[그림 2]

로 해서 입으로 가지고 간다. 그 결과 필연적으로 스푼 옆에 입을 대고 먹게 된다. 더구나 빨아들이듯이 해서 액체를 입 안으로 넣는다. 음식을 먹을 때 '빨아들이는' 전통이 남아 있다.

그런데 서양인은 스푼을 얼굴과 직각이 되게 해서 입으로 가져가 스푼 끝에서부터 먹는다. 그때 빨아들이는 것이 아니라 흘려 넣듯이 해서 먹기 때문에 스푼 끝이 입 속에 상당 부분 들어가게 된다. 그 외에 자세가 다르다든지, 접시와 입의 거리라든가, 주의 깊게 관찰하면 그 차이는 더 있을 것이다.

이처럼 문화의 항목으로서는 똑같은 스푼을 사용하면서도 일본인과 서양인 사이에는 사람들이 쉽게 알아차릴 수 없는 구조적인 차이가 나타난다. 문화는 이렇게 본인 자신이 자각하지 못하는 무수하고, 세세한 습관의 형식에서 이루어지는 것이어서 이 숨은 부분을 알아차리는 것이야말로 이문화(異文化) 이해의 열쇠이고, 또 외국어를 공부하는 중요한 의의 중의 하나는 여기에 있다고 말할 수 있겠다.

최근 학교에서 영어나 프랑스어를 몇 년이고 공부해도 정작 제대로 쓸 수 없다는 비난을 자주 듣는데, 그것은 외국어 교육이 실제의 생활에서 벗어나 있고, 더구나 일본인 선생이 가르치기 때문에 회화는 물론 편지 한 장 제대로 쓸 수 없게 되는 것이다. 또 그럴 필요도 없었던 것이다

그것보다도 말이라는 것이 세계를 얼마나 다른 각도나 방법으로 구분짓는가 하는 문제를 학생들이 이해할 수 있도록 하는 것이 훨씬 더 의의가 있다. 그리고 그것은 어디서나, 누구나 가능한 것이다. 다만, 유감인 것은 외국어의 실제 수업의 장(場)에서 지금까지는 이러한 문제점을 의외로 반성하지 못했다는 데 문제가 있다

It never rains but it pours

외국의 말을 이해하고자 할 경우 자국의 문화나 언어가 갖고 있는 숨어 있는 구조가 얼마나 방해가 되는 것인가를 이번에는 단어의 고유적인 의미를 떠나서 설명하고자 한다. 일본의 학교에서 때가 되면 배우는 영어 속담 중에 It never rains but it pours라는 속담이 있다.[1] 나는 몇 년 전까지 이 속담의 의미는 "불행은 거듭되는 법"이라든지 "재난은 일시에 계속해서 일어난다"라는 식으로 일

1) 이 속담은 It never rains but pours라고 표현하기도 한다.

본의 "설상가상"이라는 속담과 비슷한 것이라고 생각하고 있었다. 왜냐하면 일본에 출판되어 있는 영 · 일사전 어느것을 봐도 다음과 같은 동공이곡(同工異曲: 기술이나 솜씨는 같으나 그 내용이나 풍치가 다름. 다른 듯하나 대체로 같음)식의 설명이 있었기 때문이다.

이에 대한 영일 사전의 설명을 보면 다음과 같다.

> 富山房『大英和辭典』(1951년판): ①큰 비가 아니면 비 온 것이 아니다. 비가 왔다 하면 언제나 큰 비. ②좋지 못한 일은 언제나 거듭된다.
>
> 研究社,『英和大辭典』(1953년판): [속담] 왔다 하면 큰 비(재난 불행은 일시에 온다).
>
> 三省堂,『最新 콘사이스 英和辭典』(1958년판): [속담] 왔다 하면 큰 비. 불행은 거듭되는 법.
>
> 三省堂,『新 크라운 英語熟語辭典』(1966년판): 왔다 하면 큰 비(불행은 이어서 일어난다).
>
> 講談社,『뉴 월드 英和辭典』(1966년판): [속담] 왔다 하면 큰 비, 불행은 거듭되는 법.
>
> 岩波書店,『岩波英和大辭典』(1970년판): 왔다 하면 큰 비, 재난은 일시에 (계속해서) 일어나는 법.

이상과 같이 어느것이나 영어의 속담에 대한 직역적인 해석을 달고 그 다음에 의미를 설명하고 있다.『研究社新英和大辭典』(1928년판)과『岩波英和辭典』(신판 1958년)의 두 권만이 "설상가상"이라는 일본어 속담을 대응시키고 있는 것이 눈을 끌 정도이다.

그런데, 우연한 기회에 필자는 Harrap의 *Standard English and French Dictionary*라는 일반적으로 그다지 이용하지 않는 영 · 불 사전에서 이 속담은 프랑스어로 무엇이라고 하는가를 조사해 보았다. 그랬더니 놀랍게도 다음과 같은 설명이 있지 않는가.

> un malheur, un bonheur, ne vient jamais seul; jamais deux sans trois; quand on recoit une visite, une lettre, on en recoit dix.
>
> 불행이나 행운은, 결코 단독으로 찾아오지 않는다. 두 번 있는 것은 세 번도 있을 수 있다. 손님이 한 사람 오든가 편지가 한 통 오면, 한꺼번에 열 사람(열통)이 올 수도 있다.

필자는 그때까지 일본의 많은 사전 덕택에 이 속담은 나쁜 것이 연속해서 일어나는 것에 한해서밖에 쓰지 않는다고 생각하고 있었는데, '행운' 에 대해서도 쓸 수 있다는 것을 알고 대단히 놀랐다. 그래서 서둘러서 영국의 옥스퍼드 사전을 찾아보았는데 여기에서도 충격을 받았다.

> *Oxford English Dictionary*: events (esp. misfortunes) come all together or happen in rapid succession[pour 항목].
>
> *Shorter Oxford Dictionary*: OED와 같음.
>
> *Concise Oxford Dictionary*: (fig.) events, esp. misfortunes always come together(1937년 3판, 1952년 4판, 1964년 5판 모두 같음[pour 항목]).

Pocket Oxford Dictionary: events, esp. misfortunes, come many together(1934년판[pour 항목]).

이처럼 어느 사전에나 "특히 불행에 대해서" 라고 씌어 있지만, 바람직한 일이나, 연속적인 행운에 대해서 쓰지 않는다는 것은 아니었다. 옥스퍼드 계통의 사전이라면, 세계에서 사전의 왕자 격이고, 특히 OED는 영어 연구자들에게는 영어에 관한 지식의 최종적인 지주라고 할 정도이다.

일본의 역대 사전 제작자들이 이상의 4종류의 사전 중 그 어느 것도 참고하지 않았으리라고는 생각하기 어렵다. 완전히 당황한 필자는 정평이 나 있는 영국의 사전 *Universal English Dictionary*도 조사해 보았다.

things, events, never happen or come singly but always in numbers together. [rain 항목]

여기서는 불행이라든가 행복이라든가 하는 구별조차 하지 않았고, 다만 '어떤 사건, 일' 이라고 일반적으로 서술하고 있을 뿐이다.

이 이야기는 전에 어떤 어학교육의 연구소 기관지에 쓴 것이지만,[2] 이번에 다시 조사해 보고 더욱 재미있는 것을 발견했다. 그것

2) 鈴木孝夫, 「일본의 외국어 연구에 결여되어 있는 점」, 『語學教育』 제291호, 어학교육 연구소, 1970년.

은 앞에서 언급한 *Concise Oxford Dictionary*만이 같은 속담을 Pour라는 항목뿐 아니라 Rain이라는 항목에서도 설명했고, 그 설명도 조금씩 달랐다(3판도 4판도).

COD: events usu. happen several together.

즉, 옥스퍼드 계통의 사전 중에 이미 행·불행을 완전히 구별하지 않는 해석도 나와 있었던 것이다. 찾아보는 김에 미국에서 나온 사전 종류도 찾아보았지만, 웹스터 사전 계통의 3종류를 비롯하여 *American College Dictionary*, 개정판 *Random House*나 *The American Heritage Dictionary* 사전 중 어느것에도 이 속담은 나와 있지 않았다. 그래서 언제부터인지 모르게 미국 계통의 사전이 말보다도 사물의 해설에 중점을 두고 있다는 것을 알았을 뿐이다.

그런데 이렇게 보니까 It never rains but it pours는 "불행은 거듭된다", "설상가상" 식의 속담이 아니라 일본어의 "두 번 있는 일은 세 번도 있을 수 있다" 라는 해석이 가장 적합하다. 즉 영어의 "Never twice without three times" 와 같은 의미인 것이다.

이 속담을 일본의 모든 사전이 한쪽으로 치우쳐 해석해 버리고만 원인은 과연 무엇 때문이었을까. 일본에서 초기에 영·일사전을 제작한 누군가가 지레짐작하여 이 속담의 의미를 잘못 해석한 것을 사전 편찬자들이 대대로 그냥 그대로 써 버린 결과라고 할 수도 있다. 그러나 어디서든, 누군가 한 사람이라도 스스로 영어

사전을 직접 찾아보았다면, 이러한 잘못을 알아차렸을 것이다. 이러한 확인작업이 전혀 없었다고는 생각하기 어렵다.[3] 필자는 오히려 비, 특히 막 퍼붓다라는 단어에 대한 일본인이 가지고 있는 잠재적인 수용방법이 이 속담의 해석을 좋지 않은 곳으로 한정시킨 것이 아닌가 하고 생각한다. 일본어에서는 "마른하늘에 단 비"와 같은, 비를 환영하는 표현도 있지만 "비를 맞다(피해 의식)"나 "소낙비를 만나다"라고 하는, 보통 어둡고 싫은 이미지로 피해의식을 나타낼 때 사용한다. 비를 맞는 것에 대한 일본인의 부정적인 평가가 이 이상한 오해를 불러일으켰다고 생각할 수 있지 않을까.

A rolling stone gathers no moss

외국의 말이나 표현을 무의식중에 모국의 문화적인 context 상에서 설명, 해석해 버리는 경향이 강한데 이를 잘 나타내는 속담을 하나 더 예로 들고자 한다.

---

3) 이 속담을 바람직한 것의 연속이라는 뜻으로 사용한 예로는 다음과 같은 것이 있다.
… As a matter of fact I went to Hurst Park, Backed two winners. It never rains but it pours! If you luck's in, it's in!…
실은 Hurst 공원에 갔었습니다. 두 번이나 일등 말(勝馬)을 맞추었어요. 좋은 일은 연이어 일어나는군요. 운이 좋을 때는 잘되는군요.
(A. Christie : After the Funeral)

A rolling stone gathers no moss.

이것은 "구르는 돌은 이끼가 끼지 않는다"라는 뜻의 속담인데, *Concise Oxford Dictionary*에 의하면 "one who constantly changes his place or employment will not grow rich"라고 설명되어 있다. "돌 위에도 삼 년"이라는 일본 속담과 반대되는 뜻을 나타내는 것이다. 그런데 이 속담을 미국에서는 정 반대의 뜻으로 해석하는 사람이 있다는 것을 알았다.[4] 예를 들면 내가 알고 있는 젊은 남자는 이것은 "If you keep on moving, you will not get rusty"라는 의미라고 설명해 주었다. "끊임없이 움직이고 활동하면 결코 녹슬지 않는다"라고 하는 이 해석은 이끼라는 식물과 전직(轉職)이라는 두 가지에 대해서 신대륙 사람들이 영국 사람들과는 다른 가치관을 가지고 있다는 것을 확실히 나타내고 있다.

많은 미국인들은 고색창연한 저택 같은 것은 좋아하지 않는다. 끊임없이 집을 새롭게 색칠하고 모양 바꾸기를 자주 한다.

제2차 세계대전 후 많은 일본 집들을 미국 군에게 강제로 빌려주게 되었을 때 거무스레해진 옛날 집 기둥을 완전히 페인트칠 해 버렸다는 이야기를 자주 들었다. 이끼 낀 정원의 석등롱(石燈籠)을 쇠 솔로 깨끗하게 닦아 버리고 말았다는 예를 알고 있는 필자로서는 미국인들이 이끼를 더럽다, 지저분하다, 또는 금속의 녹처럼 생

4) 주 2)의 문헌 참고.

각하고 있어서 옛날 사람과는 다른 가치관을 가지고 있다는 것을 확실히 알게 되었다.

게다가 미국 사회에서는 가끔 직장을 바꾸는 것은 오히려 개인의 바람직한 발전이라고 보는 경향이 강하다. 사회적인 유동성은 긍정적인 가치를 가지고 있는 것이다. 끊임없이 움직이는 것은 오히려 능력이 있다는 것을 나타내는 것이라고까지 말하고 있다. 이처럼 "굴러다니는 돌은 이끼가 끼지 않는다"라는 것이 미국에서는 영국과 정반대로 해석하는 문화적인 근거가 있는 것이다.

II. 사물(事物)과 말

사물과 말의 대응 관계

생각해 보면 우리들은 헤아릴 수 없이 많은 물건들에 둘러싸여 생활하고 있다. 내가 지금 마주하고 있는 책상 위에는 전기 스탠드, 타이프라이터, 재떨이, 책, 편지, 원고용지, 볼펜, 지우개, 라이터, 연필 등이 널려져 있다. 서랍을 열면 거기에는 작은 문구들, 압정, 가위, 열쇠, 호치키스, 칼, 명함뭉치 등 수십 종류의 물건이 꽉 차 있다. 내가 몸에 걸치고 달고 있는 것만도 양복, 스웨터, 넥타이, 와이셔츠, 양말을 비롯해 안경, 시계, 혁대 등 열 손가락으로 도저히 다 헤아릴 수가 없다.

이처럼 인간이 만들어 내어 이용하고 있는 제품의 종류를 생각해 보면, 어림잡을 수 없을 정도로 복잡다단하게 되어 있다는 것을 알 수 있다. 또 자연계에는 몇 만이라는 새나 동물의 종류가 있다. 곤충은 몇 십만 종이고, 게다가 막대한 수의 식물들도 있다. 그리고 이들은 모두 고유의 명칭을 가지고 있는 것이다. 이름이 있는 것은 사물만이 아니다. 물체의 움직임, 인간의 동작부터 시작하여 마음의 움직임 등 미묘한 것에 이르기까지 각각 그것을 나타내는 말이 있다. 사물의 성질뿐 아니라 사람과 사물의 관계에조차도 그것을 나타내는 적절한 말이 대응하고 있는 것이다.

이런 식으로, 이 세계에는 과연 몇 종류의 사물과 일이 존재하고 있을까를 생각해 보면 아찔할 정도이다. 더구나 이 사물이나 일의 수, 그리고 이에 대응하는 말의 수는 지금까지 서술한 사물이나 성질의 수의 단순한 총화(總和)에 머무르지 않는다. 예를 들면 자동차라는 한 종류의 사물이 있다. 그러나 이것은 약 2만 개의 부품으로 되어 있다. 그 각각에는 일일이 이름이 붙어 있는 것은 물론이다. 제트기의 경우에는 더 많은 수의 부품이, 그리고 그 하나하나에 이름이 있을 정도이다. 이처럼 사물과 말은 서로 대응하면서 인간을 그 작은 그물코 속에 집어넣고 있다. 이름이 없는 것은 없다. “삼라만상에는 그것을 나타내는 말이 있다.” 이러한 생각이 우리들의 소박한 그리고 확실한 느낌(체득)이다.

어떤 사물이 있으면 반드시 그것을 부르는 이름으로서의 말이 있다고 생각하는 것과 같이 많은 대부분의 사람들은 “같은 사물

이 나라가 다르고 언어가 다르면 전혀 다른 이름으로 불려진다"고 하는 인식을 가지고 있다. '개'라는 동물은 일본어로는 'イヌ'라고 하고, 중국어로는 '狗', 영어로는 'dog', 프랑스어로는 'chien', 독일어로는 'Hund', 러시아어로는 'собáка', 터키어로는 'köpek' 이라는 다양한 형태의 말로 불려진다.

우리들이 학교에서 외국어를 공부할 때나 사전을 펴서 일본어의 어떤 말은 외국어로 무엇이라고 하는가를 조사할 때, 같은 사물이 언어가 다르면 별도의 말로 불려진다는 일종의 신념이라고 할 수 있는 대전제를 깔고 있는 것이다.

말이 사물을 존재케 한다

그런데 말과 사물과의 관계를 상세하게 전문적으로 취급할 필요가 있는 철학자나 언어학자 중에는 이러한 전제에 대해서 의심하는 사람들이 있다. 필자도 언어학의 입장에서 여러 가지 말과 사물의 관계를 조사하였고, 또 동일한 대상이 여러 가지 언어로 다른 명칭을 가진다는 문제에 대해서 연구한 결과 지금은 다음과 같이 생각하고 있다. 그것은 사물이라는 존재가 먼저 있고 그것에 상표를 붙이는 식으로 말이 붙여지는 것이 아니라, 말이 거꾸로 사물을 나타낸다는 견해이다. 또 언어가 다르면 동일한 사물이 다른 이름으로 불린다고 하지만, 명칭의 차이는 단순한 상표의 차이에 그치는 것이 아니라 정도의 차이는 있지만, 상당히 다른 사물을 우리들에게 제시하고 있다고 생각해야 한다는 것이다.

이 문제는 철학에서는 유명론(唯名論)과 실념론(實念論)의 대립으로서 옛날부터 논의되어 왔던 것이다. 순수 언어학의 입장에서 필자가 보기에는 유명론적인 생각이 언어라는 것의 조직을 바르게 취급하고 있는 것 같다.

필자의 입장을 한 마디로 말하면 "태초에 말이 있었다"라는 것 이외에 아무것도 없다. 물론 태초에 말이 있었다고 해도 주위에 아무것도 없던 세계의 시초에 말만이 뒹굴고 있었다는 뜻은 아니다. 또 말이 사물을 나타낸다고 해도 말이 여러 가지 사물을, 마치 닭이 달걀을 낳듯이 만들어 낸다는 것도 아니다. 말이 사물을 나타낸다는 것은 세계의 단편(斷片)을 우리들이 사물이나 성질로서 인식할 수 있게 되는 것이 말에 의해서이고. 말이 없으면 개나 고양이도 구별할 수 없을 것이라는 것이다.

말이 이처럼 우리들이 세계를 인식하는 실마리가 되고, 유일한 창구라는 전제 하에 말의 구조나 조직이 다르면 인식되는 대상도 당연히 어느 정도 변화되는 것이다. 왜냐하면 다음에서 상세하게 설명할 것이지만 말은 우리들이 소재로서의 세계를 정리해서 파악할 때에 어느 부분 어느 성질에 인식의 초점을 두어야 하는가를 결정하는 도구에 지나지 않기 때문이다. 앞에서 말은 인간이 세계를 인식하는 창구라는 비유를 사용했지만 그 창의 크기, 모양, 그리고 창의 색, 굴절률 등이 다르면 보이는 세계의 범위, 성질이 달라지는 것은 당연하다. 저쪽에 사물이 있어도 그것을 가리키는 적당한 말이 없는 경우 그 사물이 눈에 들어오지 않는 경우도 있는 것이다.

말의 분절성과 허구성

추상적인 논의는 이 정도로 해 두고 구체적인 말의 실상에 대해서 생각해 보기로 하자. 우선 가까이에 있는 어떤 사물의 예로서 책상에 대해서 생각해 보자. 책상이란 도대체 무엇인가? 책상이란 것을 어떻게 정의하면 좋을까? 책상은 나무로 된 것도 있고, 철로 된 것도 있다. 여름의 정원에는 유리로 된 책상도 보인다. 공원에는 콘크리트로 된 것도 있다. 책상의 다리 수도 가지가지이다. 첫째 필자가 지금 쓰고 있는 책상에는 다리가 없다. 벽에 나무판이 끼워져 있어 붙박이처럼 되어 있다. 또 다리가 하나인 책상이 있는가 하면 회의용 책상처럼 다리가 몇 개나 있는 책상도 있다. 형태도 사각형을 비롯하여 원형은 보통이고, 방구석에 꽃병 같은 것을 놓는 삼각형 책상도 있다. 높이는 일본 전통 방에 앉아서 사용하는 낮은 것부터 의자를 사용하는 높은 것까지 여러 가지가 있다.

이렇게 생각해 보면 책상을 형태, 소재, 색채, 크기, 다리의 유무 및 수 등 겉으로 드러나는 구체적인 특징을 가지고 정의하는 것은 거의 불가능하다는 것을 알 수 있다. 그래서 책상이란 무엇인가

하면 "사람이 그 위에서 무엇을 하기 위해서 이용 가능한 평면을 확보해 주는 것"이라고밖에 할 수 없을 것 같다. 단지 생활의 필요상, 항상 그러한 평면을 특정한 장소에 확보할 필요와 상품으로 제작하기 위한 여러 가지 제한이, 어떤 특정 시대의, 특정국가의 책상을 거의 일정한 범위의 형태나 크기, 재질 등으로 결정지은 것에 지나지 않는다.

그러나 사람이 그 위에서 무언가를 하는 평면, 그러한 평면은 전부가 책상인가 하면 그렇지도 않다. 예를 들면 책꽂이도 책상이란 무엇인가 하는 정의와 거의 같은 정의를 내릴 수 있다. 집의 마루도, 사람이 그 위에서 무언가를 한다는 의미에서는 같다. 그래서 책상을 책꽂이나 마루와 구별하기 위해서 "그 앞에서 사람이 어느 정도의 시간, 앉든가 멈추든가 하여 그 위에서 무엇을 하는, 마루와 떨어져 있는 평면"이라고 하지 않으면 안 된다. 주의해야 할 점은 이 긴 정의 속에서 인간 쪽의 요소, 즉 거기에 있는 것에 대한 이용목적이라든가 사람과의 상대적 위치라는 조건이 중요한 것이어서 소재로서 인간의 외측에 존재하는 것이 가지는 많은 성질은 책상이라는 말로 나타내는 것을 결정하는 요인이 되지는 않는다는 것이다. 인간의 시점을 떠나서 예를 들면 실내에서 사육되고 있는 원숭이나 개의 눈으로 보면 어떤 일종의 선반과 책상과 의자의 구별은 이해할 수 없을 것이다. 책상이라는 것을 나타내는 것은 완전히 인간 특유의 관점이고, 거기에 책상이라는 사물이 있는 것처럼 우리들이 생각하는 것은 말의 힘에 의한 것이다.

이처럼 말이라는 것은 혼돈스럽고 연속적으로 구별되지 않는 소재의 세계에 인간의 관점에서 인간에게 의의가 있다고 생각되는 방법으로, 허구의 분절을 부여하고, 그리고 분류하는 역할을 담당하고 있다. 언어란 끊임없이 생성되고, 늘 변화하는 세계를 마치 질서정연하게 구분된 사물이나 일의 집합인 것 같은 모습으로 인간에게 제시하여 보이는 허구성을 본질적으로 가지고 있는 것이다. 흔히 '말의 마술' 이라는 것이 있지만, 저속한 의미가 아닌, energeia(창조)의 세계를 ergon(所産)의 세계인 것처럼 인간에게 생각하게 한다는 의미로서 언어는 마술이고, 인간을 묶는 주술이라고 할 수 있다.

이야기를 다시 말의 구체적인 고찰로 옮기기로 하자. 이번에는 책상과 같은 인공제작물이 아니라 자연계에 존재하는 사물을 예로 생각해 보기로 한다.

언어적 상대주의

영국의 유명한 소설가 D. H. Lawrence가 쓴 *Prelude*라는 단편이 있다. 그 작품 속에 어떤 여자가 홍차를 끓이는 묘사가 나온다.

> …and catching up the blue enamelled teapot, [she] dropped into it a handful of tea from the caddy, and poured on the water.

그녀는 푸른색의 법랑 포트(보온병)를 꺼내어 통(홍차가 들어 있는 통)에서 홍차를 꺼내어 포트에 넣고, 그 속에 물을 부었다.

장소가 바뀌면 상품이 달라지듯이 영국의 생활습관을 잘 모르는 사람이라면, 영국에서는 차를 보통 물로 내놓는가라고 생각할지도 모른다. 혹은 더운물을 영어로 hot water라고 배운 적이 있는 사람은, water 앞에 hot가 탈락한 것이 아닌가 하고 의심할지도 모른다. 그런데 앞의 어느쪽 해석도 바르지 못한 것이다.

영국 사람이 홍차를 좋아한다는 것은 세계적으로 유명하다. 더구나 그들은 차를 끓이는 데 있어서 아주 까다롭다. 주전자에 물을 넣고 펄펄 끓여 그 물로 차를 내는 것을 요구한다. 그것으로도 모자라 만족하지 못하는 사람도 있다. 주전자를 포트가 있는 곳으로 가져가지 마라, 포트를 주전자 있는 곳으로 가져가라고까지 한다. 게다가 포트는 미리 더운물로 데워두는 것이 상식이다. 그렇기 때문에 보통 물로 차를 내는 것은 전혀 있을 수 없는 일이다.

이러한 사정이 다음의 Agatha Christie의 추리소설 *A Pocket Full of Rye*라는 작품 속에서도 생생하게 묘사되어 있다. 어떤 사무소에 고용된 신출내기 소머즈(Somers)라는 타이피스트가 차를 잘못 끓인다는 이유로 고참 주임 타이피스트에게 꾸중을 듣는 장면이다.

The kettle was not quite boiling when Miss Somers poured the water on to the tea, …

Miss Griffith, the efficient head typist, … said sharply: "Water not boiling again, Somers?"

주전자가 아직 펄펄 끓지도 않았는데, 소머즈 양은 물을 차 위에 붓는다…유능한 주임 타이피스트 그리피스 양이 "소머즈, 또 물이 펄펄 끓지 않았어요" 라고 화내며 말했다.

이 두 예를 통해서 알 수 있듯이 실은 영어에는 일본어의 '湯'에 해당하는 말이 없다. water라는 한 단어를 정황에 따라 '水' 로도 '湯' 으로도 사용하는 것이다. 물론 영어에서도 찬물, 더운물을 확실히 구별할 필요가 있을 경우에는 hot water라고 하기도 한다. 그러나 이처럼 hot를 일부러 추가해야 한다고 하는 것은, water라는 말이 온도에 관해서는 원래 중립적인 성질이 있다는 것을 나타내는 것이다. 이에 반해 일본어의 '水' 는 차다는 성질을 확실히 가지고 있다. '熱い水: 뜨거운 물' 이라는 표현이 부자연스럽게 느껴지는 것도 '사각형 삼각' 이란 말만큼 모순된 것이기 때문이다.

화학식에서 H_2O로 나타내고 있는 물질은 일상적인 일본어에서는 온도 및 상태에 따라 '氷', '水', '湯' 의 3가지로 구별해서 쓰고 있다. 그것이 영어에서는 ice, water 2가지이고, 말레이시아어로는 ayĕr 하나밖에 없다. 이것을 비교해서 그림으로 나타낸 것이 〈표 1〉이다. 말레이시아어에서도 더운물이라고 확실히 말하고자 할 때는 ayĕr panas라고 하기는 하지만, 영어의 hot water와 같은 것이다. 또 얼음을 물과 확실히 구별하고자 할 때는 ayĕr beku, 즉 '굳어진 물' 이라고 하지만, 그냥 ayĕr만으로 쓰기도 한다.

여기에 예를 든 물이라는 말의 3가지 언어에 따른 내용의 차이는, 인간의 말이라는 것이 대상의 세계를 어떤 특정한 각도에서 멋대로 구분짓는 구조를 가지고 있다는 예로서 자주 인용된다.

〈표 1〉

	H_2O		
말레이시아어	ayĕr		
영어	ice	water	
일본어	氷	水	湯

사람이 하나의 언어 속에서 시종 생활하고 있으면, 사물과 말의 관계는 말하자면 자명한 전제로서 의심(懷疑)의 대상이 되기는 어렵다. 그것을 이와 같이 다른 언어와 비교함으로써 우리들 가까이 있는 水, 湯, 氷라는 것조차도, 일본어라는 특정한 언어에 의존하고 있는 자의적(自意的)인 구분에 지나지 않는 것이라고 이해할 수 있는 것이다.

말의 분절성이 삼라만상의 세계를 구분한다

일본인에게 水, 湯, 氷은 각각 독립된 존재이다. 말하자면 '水', '湯', '氷'이 별개의 것으로 되어 있고, 서로가 구분이 명확한 것은 그 각각이 독립된 존재로서 말이 가지는 구조를 현상의 세계에 일본인들이 투영(投影)하고 있기 때문이다.

氷와 湯의 구별이란 아주 작은 온도의 차에 의존하는 것이고, 상대적인 대립밖에 없다는 것은 어느 누가 봐도 명확할 것이다. 그러나 이에 반해 氷과 水 및 湯 사이에는 궁극적으로는 온도의 차이에 따라 변하는 것이지만, 한편으로는 액체와 고체의 차이라는 비교적 명확한 구별이 존재한다. 때문에 양자의 구별은 단순한 말의 문제라기보다는 사물 쪽에 그것을 뒷받침할 수 있는 요인이 있다고 말하는 사람이 있을지도 모른다.

그러나 그렇다면 얼음과 고드름의 구별은 어떻게 해야 할까. 어떤 한정된 조건 (발생하는 장소와 형상) 하에서 일본어에서는 당연한 氷이 '고드름' 이라고 불리는 데 지나지 않는다. 얼음과 고드름을 구별지을 수 있는 것은 역시 '氷' 과 '고드름' 이라는, 동일한 대상을 다른 각도에서 보는 견해의 차이에 따라 정해진 말인 것이다. 그렇기 때문에 사물로서의 고드름이 확실히 존재하는 터키에서도 얼음 'buz' 와 구별된 '고드름' 이라는 말이 없어도 별로 이상하지 않다.

이러한 식으로 생각해 가면, 얼음과 우박, 싸락눈, 눈, 진눈깨비 등과의 구별도 이상하게 된다. 기온이 올라가면 이러한 것들은 전부 비가 되어 버리고 만다. 그리고 비와 아지랑이, 안개의 차이도 물방울 크기의 차이에 지나지 않으며, 더구나 지면(地面)과의 상대적인 거리 차이에 따라 전부 다 구름이 될 수도 있다.

소재면에는 동일한 이러한 여러 현상이 왜 각각 다른 명칭이 붙어 있는가 하면, 그렇게 하는 것이 사람들이 생활해 가는 데 편리하기 때문이다. 어떤 물건(사물)에 이름을 붙인다는 것은, 인간이 자신을 둘러싸고 있는 세계의 한 측면을, 다른 측면이나 어떤 한 단편으로부터 분리시켜 사용할(이용할) 가치가 있다고 인정한 것에 지나지 않는다.

화학식에서 H_2O로 일괄해서 나타낼 수 있는 동일한 사물이 일본어에서는 '水', '湯', '氷', 'ゆげ(김)' 라는 말로 또 '서리', '안개' 에서부터 '봄비', '소나기' 에 이르기까지 수십 가지의 다른 이름으로 불리고 있는 것이다. 그러나 확실히 존재하는 것은 H_2O뿐이지만 그 이외의 이름도 실체가 없는 존재(명칭뿐인 존재), 즉 대상의 필연적인 뒷받침이 없는 빈말(虛構)은 되지 않는다는 것이다.

왜냐하면, 이 H_2O조차도 인간이 세계를 어떤 특정한 각도에서 정리한 결과 파악한 것이지 결코 최종적인, 확실한 사물은 아니기 때문이다. H_2O가 수소원자와 산소원자의, 어떤 정황 하에서 결합한 결합물이라는 것은 확실하다. 그 수소나 산소원자도 더 세세한 구성요소로 되어 있는 과정의 반복을 내포하고 있다.

'H_2O' 라는 기호, 즉 과학적인 말로 파악하는 대상도 허구라는 점에는 '고드름' 이라든가 '비' 와 다름이 없다. 인간의 정신이 인간을 둘러싸고 있는 삼라만상의 세계에 어떤 역할(작용)을 하여 만들어 내는 말은, 전부 이 허구성에 근거하고 있다.

인간은 자연 있는 그대로의 소재의 세계와 직접 접촉할 수 없다. 소재의 세계란 혼돈이라고 할까, 카오스(Chaos) 상태여서 그 자체는 무의미의 세계인데, 이것에 질서를 부여하고, 인간이 감당할

만한 물체, 성질, 운동 등으로 만드는 역학을 말이 하고 있다고 생각할 수 있다.

'lip'과 '입술'

이 책은 철학 책이 아니고 필자도 철학자가 아니기 때문에 이야기를 다시 구체적인 언어내용으로 되돌리기로 한다.

이 장(章)의 처음에 자동차나 비행기 같은, 사람이 만든 물체는 몇 개인가 그 각각의 명칭을 가진 부품으로 되어 있다는 점에 대해서 언급하였다.

명칭을 가진 각 부품으로 되어 있다는 의미에서는 우리들 인간의 몸도 마찬가지다. 자동차에 바퀴가 4개 있고, 문이 2개, 헤드라이트가 2개 있는 것과 마찬가지로 인간에게는 다리가 2개, 손이 2개, 얼굴에 눈이 2개, 코가 1개라는 식의 표현이 가능하다. 인체에는 명칭이 없는 부분 같은 것은 생각할 수 없다. 정말로 아주 세밀한 뼈의 작은 구멍까지도 해부학자에 의해 이름이 붙여져 있을 정도이다.

그래서 자동차라는 하나의 물체가 각각 이름을 가진 약 2만여 개의 부품으로 되어 있듯이 인체에도 몇 천에 이르는 고유 명칭을 가진 부분의 종합체라고 생각하기 쉽다. 그러나 이 둘은 큰 차이가 있다. 우선 자동차의 경우는 각 부분을 구성하는 부품에는 그 어떤 것도 명확한 독립성이 있고, 다른 부품과 확실히 구별되어 있지만, 인체의 각 부는 연속체인 것이다. 얼굴에 눈, 코, 입이 있다고 구분해서 말하지만 실은 그 한계는 확실하지 않다.

뺨과 턱은 다른 부분이라는 것은 누구나 알지만, 그 한계 즉 어디에서 어디까지가 턱이고 뺨인지는 아무도 모른다. 눈이나 입술의 경우는 뺨과 턱에 비해서 훨씬 독립성이 강한 것처럼 생각되지만, 이것 또한 상당히 애매모호하다는 것을 조금 조사해 보면 곧 알게 된다.

다시 영어의 예를 들어 보기로 한다. 영국의 작가 John Galsworthy가 쓴 단편에 *The Apple Tree*라는 비련(悲戀)의 소설이 있다. 일본에서는 교재로 쓰기에 적당한 소설이라고 해서 교과서에 자주 실렸기 때문에 독자 중에는 알고 계시는 분이 많으리라고 생각한다.

이 소설의 시작되는 처음 부분에 주인공인 Ashurst의 용모에 대해서 다음과 같이 묘사되고 있다.

> Ashurst, rather like a bearded Schiller, grey in the wings, … with … bearded lips just open.
>
> 아샤스트는 쉴러에게 수염을 기른 얼굴로 … 수염이 난 양 입술을 살짝 벌리고…

그런데, '수염난 입술' 이란 표현은 생각해 보면 좀 이상하다. 일본어로 '입술' 은 우선 빨간색 부분을 가리키리라고 생각한다. 그 입술에 수염이 나 있다고!! 그 책을 좀 더 읽어 나가면, 이번에는 여자 주인공 Megan의 얼굴 묘사에 대한 부분이 나온다.

Her face was short, her upper lip short, showing a glint of teeth.
그녀는 얼굴이 둥글고, 윗입술이 짧고, 치아가 살짝 보인다.

일본어에서는 입술이 두툼하다라든지 얇다라고는 말하지만, '짧은 입술' 이라고는 보통 잘 말하지 않는다. 도대체 어떤 입술인가 하고 주저하게 된다.

이 두 입술의 예가 나타내는 것은, 영어의 lip의 경우는 붉은 부분뿐 아니라 입 주위의 꽤 넓은 부분을 나타낸다는 것이다. 특히 upper lip(윗입술)이란 일본어의 거의 코밑에 해당하는 부분을 말하는 경우가 많다. 때문에 이 부분이 짧으면 자연히 치아가 보이게 되는 것이다.

필자는 영어를 배우기 시작한 지 이미 30년이나 된다. 미국이나 캐나다에도 몇 년이나 머무른 적도 있다. 그런데도 영어의 lip이 이처럼 일본어 '입술' 과는 다르다는 것을 알게 된 것은 겨우 2, 3년밖에 되지 않는다. 물론 이러한 것은 어느 사전에도 쓰여 있지 않고, 또 필자가 직접 물어본 범위 내에서는 영어, 영문학 전공자 중에서도 이러한 사실을 확실히 알고 있는 사람은 한 사람도 없었다.

그런데, 한 번 알아차리고 나니까 이러한 실례가 계속해서 나오는 것이 아닌가. 지금까지 읽은 것을 다시 읽어 보니까 Saroyan에는 '입술에 털이 난 50 정도의 몸집이 작은 여자' (*Seventeen*)라는 표현이 있고, Agatha Christie의 명탐정 포와로도 "굵은 미꾸라지 수염이 윗입술을 장식하고 있다"(*The Labors of Hercules*)라고 쓰여 있었다. 요컨대 영어에서는 콧수염이 나는 곳까지가 lip인 것이다.

이러한 사실을 어느 어학 잡지에 썼더니 여러 사람으로부터 그러한 예를 발견했다는 보고를 받았는데 독일어, 프랑스어, 그리고 이탈리아어도 마찬가지인 것 같았다. 또 라틴 문학의 전문가 후지이 노보루(藤井 昇) 씨로부터는 멀티아리스의 시를 통해서, 다음과 같은 재미있는 예도 배우게 되었다.

> iam mihi nigrescunt tonsa sudaria barda
> et queritur labris puncta puella meis.
> (Mart. XI, xxxix, 3～4)

아직 어린아이라고 사람들로부터 바보취급 받고 있던 젊은 남자가, 나도 수염을 깎으면 목에 감은 천이 시커멓게 된다. 그리고 여자에게 키스하면 그녀는 나의 입술에 찔려(수염이 나 있으니까) 아프다고 화낼 정도이다라는 의미이다. 이 시 덕분에 고대 로마에서도 수염은 입술에 났다는 것을 알 수 있었다.

말의 레벨과 이해의 레벨

영어의 lip으로 시작하여 길게 이야기 한 것은 다음 사실을 이야기하고 싶었기 때문이었다. 첫째, 인간이라면 누구라도 가지고 있는 입술과 같은, 얼굴에서 명확한 부분조차도 언어가 다르면 말이 나타내는 대상의 범위가 다르다는 것. 둘째, '코 밑'을 직접 나타내는 말을 가지고 있지 않은 언어가 있다는 것. 셋째, 이러한 일본어의 입술과 영어의 lip과의 차이가 있음에도 불구하고 많은 영어 전문가조차도 이에 대해서 알아차리지 못했다는 것, 그리고 끝으로 알아차리지 못했지만 이야기 내용, 그 사물에 대한 이해에는 거의 영향이 없었다는 4가지 점이다.

첫 번째는, 입술은 일본인밖에 없고, lip은 영어권 국민에게만 존재하는 얼굴 부분이라는 것을 의미한다. lip은 '입술'과 같지 않기 때문에 개개의 언어를 떠나서 사물로서의 입술이 우선 존재하고 거기에 일본어인 '입술', 영어로 lip이라는 이름을 붙이는 것이라고 생각해서는 안 된다.

두 번째는, 몸의 모든 부분에 이름이 붙여져 있는 것이 아니라는 것이다. 그것은 세계의 어떤 언어를 다 살펴봐도 마찬가지이다.

세 번째는, 외국어를 공부할 때, 누구라도 내용을 이해하거나, 볼일을 보거나 하는 점에 있어서는 상당한 데까지 진행해 갈 수 있지만, 말 그 자체의 세세한 차이에 대해서는 의외로 바르게 파악되지 않고 있다는 것을 가르쳐 준다.

이것은, 외국어를 읽고 있을 때, 일본인들은 실제로 일본어로 생각하고 있는 경우가 많다는 것을 의미한다. 화제라든가 내용의 논리에 편승되어, 일본어로 이해를 더해가기 위해, 예를 들면

bearded lips라고 씌어 있어도 '수염난 입술' 이라고 하지 않고, 입 주위에 수염이 있는 것이구나 하고 이해하고 만다. 그 때문에 스스로 영어로 작문할 때는 이러한 표현이 나올 리 없고, 있었던 것도 기억하지 못하는 것이다.

지시대상의 애매성

얼굴이야기가 나온 김에, 눈, 코에 관한 것도 조사해 보기로 하자. 앞에서 언급한 것처럼 '뺨', '턱' 이 정확하게 어느 부분을 말하는 것인가가 불명확해도, 눈이 어느 부분인가 정확하지 않다고 생각하는 사람은 우선 없을 것이다.

그런데 의외로, 눈도 실은 어느 부분인지 확실히 모른다는 것이다. 이 점을 명확하게 하기 위해서 '벽돌' 이라는 말과 '눈' 이라는 말을 이용하여 각각 5종류의 사용법을 비교해 보자.

(1) 이 벽돌은 사각형이다.	(1′) 그의 눈은 둥글다.
(2) 이 벽돌은 붉다.	(2′) 그의 눈은 푸르다.
(3) 이 벽돌은 무겁다.	(3′) 그의 눈은 크다.
(4) 이 벽돌은 단단하다.	(4′) 그의 눈은 좋다.
(5) 이 벽돌은 오목하다.	(5′) 그의 눈은 오목하다.

왼쪽 (1)에서 (5)까지는, 어떤 한 벽돌에 대해서 그 여러 성질을 서술한 문장이고, 오른쪽 (1′)에서 (5′)까지는, 어떤 사람의 눈에 대해서 여러 가지로 묘사를 시도한 문장이다. 왼쪽 문장은 전부 동일 대상(referent)에 대해서 차례로 그 각각을 나타내고 있는데, '벽돌' 이라는 말과 벽돌이라는 대상의 관계는 불변이다. 그런데, 문장의 형태로는 이것과 같은 오른쪽의 5개의 문장에 나타나 있는 '눈' 이라는 말과 그것에 대응하는 대상의 관계는 전혀 다르다.

(1′)의 '눈' 은 상하의 눈꺼풀로 만드는 형태를 그리고 있는 것이지, 안구가 둥글다는 것은 아니다. (2′)의 문장의 '눈' 이란, 홍채(虹彩)를 말하는 것이다. (3′)에서는 안구가 눈꺼풀에서 외부에 노출되어 있는 부분의 크기를 말한다. (4′)에서는 시력을 말하는 것이고, (5′)는 안구 그 자체가 오목한 것이 아니라, 안구와 안면과의 상대적인 위치가 묘사되어 있는 것이다.

벽돌이 오목하다는 것은 벽돌의 일부가 이지러졌든가 떨어져 나갔든가 해서 다른 부분보다 푹 들어간 것을 말하는 것이고, 빨갛다, 무겁다, 단단하다, 사각형이다 등의 표현은 전부 벽돌 그 자체에 대한 묘사이다. 이와 비교해서 '눈' 이라는 말이 가리키는 대상이 얼마나 변화가 심한가 하는 것을 새삼스럽게 알고 놀라게 된다. 도대체 일본어의 '눈' 이란 몸의 어느 부분을 가리키는 말일까.

처음 인간의 얼굴 각 부분의 명칭을 상호 비교했을 때는 '뺨' 이나 '관자놀이' 에 비교해, '눈' 은 그 자체의 경계의 명료함 때문에 독립성이 강한 것이라고 생각했는데, 정자 그 눈에 초점을 맞추고 보니까 무엇이, 어느 부분이 눈인지 확실해지지 않는다.

지시대상의 범위차이

그러면 코는 어떤가. 앞에서 '코 밑' 이라는 말을 갖고 있지 않은 언어가 있다고 말했지만, 코 그 자체를 가리키는 말이 없는 언어는 아마 없을 것이다. 그러나 이 코에도 사실은 몇 가지 문제가 있는 것이다.

첫째, '코' 라고 불리는 사물은 일본인밖에 가지고 있지 않다. 물론 이것은 일본어의 'はな'라는 말로 가리키는 얼굴의 부위가 외국인에게는 없다는 의미는 아니다. 일본어에서는, 코끼리는 코가

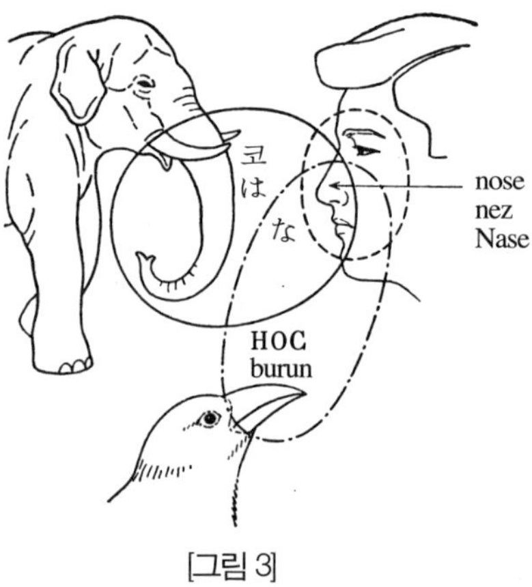

[그림 3]

길다라고 말한다. 일본인에게는, 코끼리 머리 앞에 늘어져 있는 것과 인간의 얼굴 한가운데 붙어 있는 것 모두가 '코' 인 것이다. 즉 양자는 동일한 범주에 속하는 다른 멤버인 것이다. 양자를 같이 '코' 라고 말하는 것의 의미는 바로 이것인 것이다.

그런데 많은 언어에서 코끼리 머리의 돌출부분은, 인간의 얼굴 가운데 튀어나와 있는 돌출물과 같은 이름으로 부르지 않는다. 예를 들면, 영어에서는 코끼리 코는 trunk라고 불러 나무의 줄기와 같이 취급하고 있다. 프랑스어에서는 trompe, 독일어로는 Rüssel 등이라고 부르며, 인간의 코를 말하는 nez, Nose와는 구별한다. 재미있게도 터키어의 burun이나, 러시아어의 HOC는, 인간의 코와 새의 부리 양쪽을 의미하고 있다. 즉 어떤 언어라도 사람의 얼굴 중앙에 있는 돌출물을 가리키는 말은 있지만, 그 말이 가리키는 대상의 범위가 다르다는 의미로서의 '鼻' 라고 일본어로 나타낼 수 있는 대상의 범위는, 일본어 그 자체의 독특한 것이 된다.

코에 대한 다음의 문제는, 코를 나타내는 말이 일본어와 외국어가 많이 다르다는 점이다. 이에 대해서는 이미 발표한 적이[1] 있어 여기에서는 간단히 언급하기로 하지만, 산을 나타내는 말로서, '높다, 낮다' 를 일본어처럼 인간의 코에 사용하는 언어가 적다는 점이다.

---

1) 鈴木孝夫, 「텐구(天狗)의 코는 왜 높은가」, 『언어 생활』 제191호, 1967년 8월.

현재의 많은 유럽 언어 중에는 코는 크다, 작다, 짧다, 길다라고 표현하는데, 그러한 표현을 산을 형용하는 말로서는 사용하지 않는다(high nose라는 표현은 적어도 현대 영어에서는 보통표현으로는 사용하지 않는 것 같다). 터키어에서도 코를 나타낼 때 길다, 짧다라고 한다.

일본어로 코를 길다, 짧다라고 할 때는, 예를 들면 아쿠다가와 류노스케(芥川龍之芥)의 단편 『鼻』라는 소설에서처럼, 흉한 코를 가진 남자의 고민을 묘사할 경우는 별도이지만, 보통의 코는 높다, 낮다라고 표현한다. 덴구(天狗)(얼굴이 붉고 코가 높으며 신통력이 있어 하늘을 자유로 날면서 심산〈深山〉에 산다는 상상의 괴물)의 코도 높다라고 하지 길다라고는 하지 않는다.

필자는 이 문제를 일본 문화의 코에 대한 극도의 편향(偏向)적인 생각이라는 각도에서 다루었지만, 그 후 이 생각을 뒷받침할 만한 언어적인 사실을 알게 되었다.

일본 소설에서 처음에 주인공이 등장할 때, 만약 작가가 그 사람의 얼굴을 상세하게 묘사해야 할 경우 반드시 눈이나 입, 눈썹과 같이 코가 어떻다는 설명을 한다. 그런데 영어 소설들 속에는 얼굴이 아주 상세하게 묘사되어 있는 경우에도 왠지 코에 대한 언급이 적다는 것을 발견했다.

예를 들면, 아가사 크리스티 씨의 작품 속에 탐정 포와로 씨가 등장하는데, 그 내용을 보면 다음과 같다.

Hercule Poirot looked thoughtfully into the face of the man behind the big mahogany desk. He noted the generous blow, the mean mouth, the rapacious lines of the jaw, and the piercing visionary eyes(Agatha Christie : *The Labors of Hercules*).

아무리 미세한 것이라도 빠뜨리지 않는 명탐정이 상대의 얼굴을 유심히 들여다보고 눈썹, 입, 턱의 형태나 눈 모양 등의 형태를 보고 상대의 성격을 읽으려고 노력하고 있음에도, 왠지 그는 코에 대해서는 언급하지 않는다. 일본의 작가라면 이와 같은 상황 하에서 사람의 얼굴을 묘사할 때, 코를 빠뜨릴 수 있을까.

얼굴 묘사법과 문화적 선택

물론 유럽의 문학에서도 코가 등장하기 마련인데, 유명한 예로는 로스탄의 『시라노 드 베르주라크』와 고골리라는 작가의 『鼻』일 것이다. 그러나 그 어느 작품도 코가 너무 커서, 거추장스럽고 보기 흉한 것이 문제로 되어 있다. 일반적으로 유럽의 소설에서 코에 대한 언급이 있을 때는 이처럼 추한 결점으로 취급하는 경우가 많다. 유럽인들은 코를 왠지 모르게 외설적인 느낌(obscene)을 불러일으키는 것으로 보고 있는 것 같다. 그 외 인종의 차별점으로 코의 모양을 언급하는 경우도 있다. 예를 들면 다음과 같다.

She had … the slightly flattened nose of the slav(A. Christie: *The Seven Dials Mystery*).

코를 문제로 삼는 경우가 적다고 하는 경향은, 유럽뿐만이 아니라 터키에서도 같은 것 같다. 에메로 세피틴이라는 단편소설가의 작품에 『인간성과 개』라는 기묘한 제목의 이야기가 있다. 이스탄불에서 배를 탄 일등선객 중 한 사람이 아름다운 여자가 주위의 사람들로부터는 좀 떨어져 개와 함께 쓸쓸히 앉아 있는 것을 의아해 하면서 그 사람의 얼굴에 대한 묘사가 시작된다.

İnce, uzun kaşlar, solgun ve asabî bir çehre, ciddî kadinlara hâs, messelâ muallime, rahibe gibi, bir hüsn-i lâtif, bir hüsn-i mahrun … Siyah gözleri altın bir gözlüğün camları arkasindan daha parlıyor gibi görünüyordu

가늘고 긴 눈썹, 해쓱하고 신경질적인 얼굴, 여교사나 여승에게서 느끼는 착실한 여자 특유의, 일종의 산뜻하면서도 쓸쓸한 아름다움, … 검은 눈이 금테 안경 너머로 한층 빛나 보인다.

이렇게 묘사가 계속되는데, 코에 대한 이야기는 물론 입에 대해서도 언급이 없다. 하나 더 터키어의 예를 들어 보겠다. 이것도 앞의 작가의 『추함의 비밀』이라는 좀 별난 제목의 단편에서 주인공이 절세미인의 얼굴을 다음과 같이 묘사하고 있다.

Bence İstanbulun en güzel kızı odur! Siyah, iri, parlak gözler ···Gür siyah saçlar···Sonra inanılmaz derecede saf bir beyazlık! Mukaddes bir rüya beyazlığı!

내 생각으로는 그녀는 이스탄불에서 가장 아름다운 여인이다. 검고 빛나는 눈 … 길게 드리운 머리, … 그리고 믿기 어려울 정도로 희고 아름다운 피부, 청순하고, 꿈에서 보는 듯한 흰 피부.

여기서도 코와 입이 무시되어 있다. 이 두 터키 소설에 나오는 두 여인에 대한 삽화가 그려져 있는데, 현대풍의 양장을 한 여자로 유럽풍의 헤어스타일을 하고 있다. 물론 옛 이슬람교도(教徒)의 여성들이 감고 다니는 베일을 감고 있지 않기 때문에 코나 입은 잘 보일 것인데 말이다.

터키에서는 약 반세기 이전에, 이슬람교는 국교(國教)로서의 지위를 잃었지만, 터키 각지, 특히 지방에서는 의연히 강한 영향력을 가지고 있다. 터키 민족이 완전히 이슬람화한 후 거의 500년간, 사람들의 생활 구석구석까지 일일이 규제하고 있었던 이슬람적인 사고는 근대화, 서구화를 지향하는 현대 터키 공화국에 있어서도 그 모습과 형태는 바뀌었지만 지금도 사람들의 마음속에 남아 있는 것은 당연하다고 하겠다.

이슬람교가 국교였던 시대에는, 여성이 친인척 이외의 남자에게 얼굴을 보이는 것이 금기시되어 왔다. 지금도 여행자가 가까이 가면, 갑자기 이제까지 벗고 있었던 베일을 한 쪽 손으로 들어 올려 얼굴을 가리는 노부인(老婦人)이 적지 않다.

이러한 풍습이 있는 나라에서는, 여성의 미가 외부에서 보면, 눈과 눈썹, 뺨과 그 주위의 피부색 그리고 헤어스타일이라고 하는 한정된 부분에 한하여 판단되는 것도 당연할 것이다.

그런데 어떤 문화에서도 여성의 미를 판단하는 규준(規準)의 선택방향성이라는 것은, '숨겨진 문화'의 성격이 강하기 때문에 그 본인들의 의식에 미치지 못하는 경제력을 가지고 있다.

터키의 작가가 여인의 얼굴을 묘사할 때에, 코나 입에 대해서 언급하지 않는 것도 당연히 과거로부터 전해 내려온 틀 속에서만 미를 추구하는 문화적인 강제의 일종이 아닐까. 인간의 눈은 어떤 사물이 있으면, 누구에게라도 똑같이 비치는 공평무사(公平無私)한 카메라가 아니다. 거기에는 반드시 문화적인 선택이 행하여지는 것이다.

서양인의 턱

얼굴 묘사 형식을 비교하다 보니 하나 더 재미있는 것을 알게 되었다. 그것은 영어 소설에서는 등장인물의 턱에 대해 묘사할 때 상당한 주의를 기울인다는 사실이다.

> She had pale blue, rather vacant-looking eyes, and a *weak indeterminate* chin. She had a long upper lip(A. Christie: *A Pocket Full of Rye*).

어떤 여자가 약하고 결단성이 없는 턱을 가지고 있다고 쓰고 있지만, 일본인은 턱에 대해서는 이러한 형용사를 그다지 사용하지 않는다. 그래서 그러한 예를 모아 보니, the *rapacious* Lines of the jaw(A. Christie)라든가, She was a vigorous looking woman of sixty-old, with iron-grey hair and a *determined* chin(A. Christie : *Mrs McGinty's Dead*) 등의 예가 있다. 그리고 어떤 여자가 the small square *fighting chin*(A. Christie: *Crooked House*)을 가지고 있다는 표현도 있다. 그 외 chin이 indecisive, pugnacious로 묘사되기도 하고, ruthless, aggressive가 턱(jaw)에 붙어 있는 예도 있다.

이러한 형용사는 거의, 그 턱의 소유자의 성격과 관계되어 있다는 것이 특징이다. 인물의 생명력, 인품, 의지력, 결단력의 유무를 판정하는 부위로서 사람의 턱을 보고 있는 것이다.

이에 비해 일본인의 턱의 묘사는, 아주 형태적이고 시각적이다. 턱이 패어 있다, 길다, 뻗어 있다, 튀어나와 있다, 각져 있다, 이중턱(이러한 표현은 영어에도 있다), 또 턱이 없는 사람 등 이러한 표현은 전부 겉모습(外見)에 관한 것이다. 사람의 성격을 나타내는 도구(場)로서의 턱(턱에 관한 묘사)은 그다지 없는 것이 아닌가.

독일어에서도 턱(Kinn)은 강하다(stark), 잔인하다(brutal), 정력적이다(energisch) 등으로 묘사되고 있다는 사실을 독일어 학자 이와사키 에이지로(岩崎英二郎) 씨가 가르쳐 주었다. 프랑스어 전공의 마쓰바라 히데이치(松原秀一) 씨는 프랑스어에도 mâchoire volontaire(의시가 나다나 있는 터)이라는 표현이 있다고 지적해 주었다.

이렇게 보니까 턱을 인물의 성격과 기력(박력) 등에 연관시켜 생각하는 것은, 유럽 문명에 일반적으로 나타나 있는 경향인지도 모른다.

이러한 문제에 대해서 생각하고 있던 차, 문득 다다 미치타로(多田道太郎) 씨의 『행위의 일본문화』라는 수필집이 생각이 나서 그것을 펴 보았더니 다음과 같은 이야기가 눈에 띄었다.

> 유럽인들은 턱을 앞으로 내밀어 공격적인 자세를 무의식적으로 취한다. 그렇지 않으면 이 살기 어려운 세상을 잘 살아갈 수 없다는 것이다. 일본인은 턱을 당긴다. 혹은 자세를 낮게 한다. 왜 일본인은 턱을 당기는가 하는 재미있는 관찰을 한 재일(在日) 프랑스인이 있었다…

이러한 견해를 지지하는 예로서 다음 문장을 들 수 있다.

> Pennington's jaw hardened. He shot out his chin at them aggressively.
> 페닝톤의 턱이 긴장했다. 그는 그들에게 대해서 턱 끝을 공격적으로 내밀었다(A. Christie : *Death on the Nile*).

또 미국의 속어에는 "힘을 내다, 녹초가 되지 않다" 라는 의미로 Keep one' s chin up이라는 표현이 있다.

그러나 일본어에는, 사람이 "턱을 내밀면" 졌다는 의미가 되어 버리고 만다.

좀 다른 이야기지만, 어쩌면 유럽에서 발달한 복싱이 턱을 철저히 공격하는 스포츠인 점으로 봐서도 그들이 사람의 턱이 그 사람의 생명의 자리(장소)라고 생각하는 문화적인 견해와 관련이 있는지도 모르겠다.

그들은 일상적인 다툼에서도 곧바로 턱에 한 방 먹이는데, 우리들 일본인은 상대의 머리를 때리거나, 따귀를 때리거나 한다.

이야기가 여러 곳으로 흩어졌지만, 결국 필자가 말하고자 하는 것은, 인간의 얼굴처럼 어떤 인종이라도 어떤 문화에 속하는 사람이라도 예외 없이 가지고 있고, 더구나 가장 사람 눈에 잘 띄는 것조차도 이것을 분절하는 말의 구조는 상당히 다르다는 것, 같은 부위에 대한 사람들의 견해, 가치관도 문화에 의해 천차만별이라는 것, 따라서 전혀 다른 형용사로 수식되기도 하는 것이다. 이러한 것에 대해 이렇게 저렇게 생각하다 보니, 객관적으로 존재하는 사물을 사람들이 말로 표현한다기보다는, 어떤 특수한 견해나 현실의 판단이 집약된 것으로서의 말이, 우리들에게 그러한 특징, 성질을 갖춘 사물이 거기에 존재한다고 생각하게 한다는 쪽이 언어학적으로 볼 때 타당한 것 같다.

III. 숨겨진 규준(規準)

형용사의 내용 차이

앞 장에서는 말과 물건의 관계를 주로 명사, 즉 사물에 붙여진 명칭을 중심으로 생각했다. 그래서 이번에는 사물이 갖고 있는 성질이나 특징을 나타내는 말, 즉 형용사에 대한 문제를 다루고자 한다.

명사, 즉 사물의 이름을 여러 각도에서 조사해 보니 지금까지 확실한 실체로 존재한다고 믿어 왔던 사물이나 대상이, 의외로 인식의 주체인 인간이 필요하다고 생각하여 만들어 낸, 아주 주관적인 것이라는 점을 알았다. 형용사의 경우도 이와 마찬가지라고 말할 수 있다.

예를 들면, '먼 나라, 가까운 나라' 라는 표현은 언뜻 보기에는 '강한 나라, 약한 나라' 의 표현과 같은 문법적인 형식을 취하고 있기 때문에, 이 두 표현이 모두 어떤 나라의 성질이나 상태를 말하는 것처럼 받아들이기 쉽지만, 자세히 생각해 보면 그렇지 않다는 것을 알게 된다.

'멀다', '가깝다' 같은 형용사는, 어떤 대상과 그 말을 사용하는 사람과의 거리 관계를 나타내는 것에 지나지 않는다. 그 때문에 먼 나라도, 사람이 여행하여 가까이 가면 언젠가는 가까운 나라로 변해 버리지만, 강한 나라는 사람이 그 나라로부터 떨어져 있든 떨어져 있지 않든 간에 강한 나라임에는 변함이 없다. '멀고 강한 나라' 같은 표현에 포함되어 있는 두 개의 형용사가 모두 나라라는 말의 내용을 설명하고 있다고 생각하는 것은, 같은 문법형식에 끌린 일종의 착각인 것이다.

또, '특이하다' 라는 형용사도 이상한 구조를 가지고 있다.

예를 들면, 현재 4각이나 둥근 접시는 보통이지만, 삼각형 접시는 그다지 보이지 않는다. 그래서 만약, 유별난 것을 좋아하는 사람이 이러한 것을 만든다면 '특이하다' 고 해서 비싸게 팔릴지도 모른다. 그렇지만, 3각형이라는 성질 그 자체가 특이한 성질이 아니라는 것은 확실하다.

왜냐하면 갖고 싶다고 하는 사람이 있다고 해서 이 접시를 많이 만들어서 팔면, 접시의 성질 그 자체는 조금도 변하지 않지만 곧

바로 특이하지 않은 것이 되어 버린다.

여기에서 알 수 있는 것처럼 '특이하다' 라는 성질은, 이 말로서 형용되는 사물이나 대상 그 자체에는 존재하지 않는 것이다. '특이하다' 라는 것은 어떤 성질을 갖춘 사물(물건)이, 아주 조금밖에 존재하지 않는, 즉 같은 종류의 것이 적다는 것이다.

그러나 우리들은, '특이한 붉은 새' 라는 말을 들으면, 그 새가 가지는 어떠한 성질이 특이한 것인가 하고 생각해 버리고 만다.

형용사에는 이처럼 여러 가지로 생각지도 않은 내용을 가진 것이 많다. 이 작은 책을 통하여 이 모든 것을 취급하는 것은 불가능하기 때문에, 다음으로 비교를 나타내는 일련의 형용사가 가지는 그다지 알려져 있지 않은 구조에 대해서 좀더 구체적으로 언급하기로 하자.

상대적 형용사와 절대적 형용사

어떤 나라의 말에도 '길다' · ' 짧다' , '크다' · '작다' , '높다' · '낮다' 와 같이 각각 쌍을 이루어 사물이 가지는 여러 가지 차원을 묘사하는 형용사가 있다. 그렇지만 실은 자세히 보면, 프랑스어에는 '깊다' 에 해당하는 Profond라는 단어는 있지만, '얕다' 를 직접 표현하는 말이 없다. 또 라틴어의 altus라는 형용사는, 수직 윗방향으로의 차이를 나타냄(일본어의 높다에 해당하는 말)과 동시에 수직

아래방향으로의 차이(일본어의 깊다에 상당하는 말)까지도 의미하기 때문에, "산이 높다"라는 말이나 "나무뿌리가 깊다"라는 말을 양쪽 다 altus로 나타내므로 여러 가지 문제도 생기지만, 지금은 이러한 점에 대해서는 그다지 깊이 다루지 않기로 한다.

그런데 '길다 · 짧다'나 '크다 · 작다'를 왜 취급하느냐 하면, 이러한 형용사는 언뜻 보기에는 어떤 특정 대상의 형상을 설명하고 있는 것처럼 보이면서 실은 그 대상과 다른 무엇인가를 잠재적으로 비교하는 구조를 가지고 있어, 거기에 여러 가지 재미있는 문제가 숨겨져 있기 때문이다.

예를 들어 '큰 붉은 사과'라는 표현을 들으면, 사람은 '크다'나 '붉다'나 다 같이 사과라는 물건의 성질을 형용하고 있다고 생각하는 것이 보통이다. 그렇지만, 이 두 형용사의 구조가 상당히 다르다는 것을 다음과 같은 실험을 해 보면 곧 알 수 있다.

잠정적으로 사과라는 과일을 모르는 사람이 있다고 하자. 그 사람 앞에 빨간 사과 하나와 그 외에 빨갛지 않은 몇 개의 다른 종류의 과일을 내어놓고, 이 사람에게 "이 몇 종류의 과일 속에 빨간 사과가 있습니다. 어느것이겠습니까?"라고 물으면, 그 사람은 주저없이 정확하게 빨간 사과를 고를 수 있을 것이다.

다음에는, "이 사과는 큽니까? 작습니까?"라고 질문하면 어떻게 될까요. 지금까지 사과란 어떤 과일인지 몰랐던 그 사람은 처음 보는 사과 앞에서 그것이 큰가 작은가 하고 판단하는 것은 무리라고 생각한다.

이 실험을 통해서 말하고자 하는 것은, '붉다' 라는 형용사의 의미를 알고 있는 사람은 눈앞에 있는 과일이 '붉은지', '붉지 않은지' 는 그 사물에 대해서 그다지 지식이나 정보가 없어도 곧바로 판단할 수 있는 데 반해, 어떤 대상을 '크다' 라고 말할 수 있기 위해서는 그 대상에 대해서 구체적으로 더 많이 알고 있어야만 한다는 것이다.

하지만, 앞에서 예를 든 사람이 이번에는 코끼리를 본 적이 없다고 하자. 동물원에 데리고 가서 이것이 코끼리이다라고 가르쳐 주었을 때, 그는 아마, "와 크다" 라고 하면서 놀랄 것이다. 그는 코끼리를 지금까지 본 적이 없는 것이다. 그런데도 불구하고, 코끼리를 처음 보고는 '크다' 라는 형용사를 사용하는 것이다. 그런데 처음 보는 사과에 대해서 '큰가', '작은가' 물었을 때는 대답하지 못하는 것이다. 이것은 도대체 무엇을 의미하는 것일까.

잘 생각해 보면, '큰 사과' 라고 우리들이 보통 말하는 경우에는 (사과치고는) 큰 편이다라고 하는 것처럼, 사과라는 특정의 사물의 틀 속에서 대소(大小)를 문제시하는 경우가 많다. 바꾸어 말하면, 보통의 평균적인 사과가 어느 정도의 크기인가를 경험을 통해서 알고 있고, 그 지식에 비추어 눈앞의 사과에 대해서 대소를 판단하는 것이다. 따라서 처음 사과를 본 사람은 그 대소에 대해 판단을 할 수가 없는 것이다.

그런데 코끼리의 경우는 어떠한가. 코끼리의 경우는 그것을 처음 보았음에도 불구하고 "큰 코끼리를 보았다" 라고 이야기해도 조금도 이상하지 않다. 실은 코끼리의 경우에는, 지금까지 자신이 보아 온 여러 다른 동물과 비교해, 눈앞에 있는 동물이 대단히 크다는 것을 말하고 있는 것이라고 해석할 수 있다. 즉 "코끼리치고는 크다" 라는 것이 아니라 "동물치고는 크다" 라는 의미로서의 '큰 코끼리' 라고 말했다고 생각할 수 있다.

'크다' 라는 형용사의 사과와 코끼리에 대한 두 가지 다른 사용법을 통해서 알 수 있는 것은, 어떤 것을 '크다' 라고 말하기 위해서는 어떤 규준(規準)이 필요하다는 것이다. 어떤 규준에 비추어 보았을 때, 그 어떤 것이 큰지, 작은지 판단할 수 있다는 것이다. 이러한 형용사를 언어학적으로 상대적인 형용사라고 부른다.

이에 비해 '붉다' 와 같은 형용사는, 절대적인 형용사인 것이다. 일본어에서는 어떠한 색을 '붉다' 라고 하는가를 한 번 알게 된 사람은 눈앞의 어떤 대상이 처음 보는 것이든, 이미 보았던 것이든 그것이 붉은지 붉지 않은지 그 자리에서 알 수 있는 것이다.[1)]

우편함, 불자동차, 저녁놀, 태양의 경우는 붉다는 것을 주저없이 말할 수 있다. 즉 '붉다' 는 성질은, 말하자면 물건(사물 · 대상)에 뿌리를 내리고 있는 것, 혹은 닻을 내리고 있는 것이라고 말할 수 있는 데 비해서 '길다', '크다' 와 같은 것은 사물과 사물 사이에 존재하는 성질로서 사물 그 자체에 기인하는 것은 아니다.

---

1) 실은 일본어의 '빨갛다' 에도 문제가 있다. 남자의 빨간 구두는 '빨갛지' 않은 것이다. 이 점에 대해서는 鈴木孝夫, 「색채어의 의미 분석에 관한 고찰」, 『慶應義塾大學 言語文化研究所紀要』 제4호, 1972년 12월.

잠재적 비교문과 명시적 비교문

그런데, 어떤 특정한 사물이 '길다 · 짧다', '크다 · 작다' 라는 것은 말의 표면적인 형태로는 '붉다', '둥글다' 라는 말과 같기 때문에 초보자는 물론 언어학자라도 양자의 구별을 종래에는 그다지 문제시하지 않았다. 실제로 많은 문헌(文典)에서는 양자를 함께 성질형용사라는 테두리 안에 넣고 있을 뿐 아니라, 고전논리학에서도 똑같이 생각한다. 그러나 지금 설명으로 이미 확실해진 것처럼, 무엇이 크다, 길다라고 하는 것은 이미 다른 것과 무의식적으로 비교해서 말하고 있는 것이다. 그러한 의미에서 무엇이 '붉다' 라고 하는 것과는 구조를 달리한다.

그렇다면 이 숨겨진 비교의 기준, 즉 잠재적인 잣대에는 어떠한 종류가 있는가 하는 문제에 대해서 고찰하기로 한다.

같은 '크다', '길다' 라는 말을 사용해서 그것이 "A는 B보다 크다" 라든지, 눈앞에 있는 두 개 중 "이쪽이 길다" 고 하는 경우는, 두 개를 비교해서 말하는 것이라는 것을 알 수 있다.

그러나 코끼리를 보고 "와! 크다" 라고 말하는 것 그 자체가 이미 비교의 형식을 취하고 있는 것이다. 그러나 이것이 비교의 형식을 취하고 있다라고 자각하기 어려운 것은, 비교의 기준이 언어상 명시되어 있지 않기 때문이다. 따라서 '크다 · 작다', '길다 · 짧다' 같은 문장은, 잠재적 비교문(covert comparative)이라고 할 수 있다. 이에 반해 보통 문법에서 말하는 "A는 B보다 크다" 와 같은 문장은 명시적 비교문(overt comparative)이라고 필자는 부르고 있다. 이러한 타입의 비교에서는, 비교의 잣대(measure)는 B이고 A는 측정을 받는 대상이라는 의미로 표본(specimen)이라고 한다.

명시적 비교문에서도, 모든 경우마다 잣대가 나타나 있다고는 할 수 없다. "후지산은 일본에서 제일 높은 산이다"라는 문장에서의 잣대는 '일본의 다른 모든 산'이지만, 그것은 생략되어 있다. 그러나 "이 사과는 크다"라는 타입의 문장에서는, 표본(사과)만 있지 잣대가 있다고는 생각할 수 없다.

누가 봐도 확실하기 때문에 생략하여 표면에 나타나 있지 않은 잣대와, 말을 사용하는 사람에게 자각되어 있지 않은 잠재적인 잣대와는 다르기 때문에 구별할 필요가 있다.

종(種)의 규준

가장 많이 사용되는 잠재적인 규준은 종의 규준이라고 부르는 것이다. 앞에서 언급한 사과의 경우에서처럼 크다, 작다라고 하는 경우, 우리들은 그 대상이 되는 사물의 일반적이고 평균적인 크기를 머리에 떠올려, 그것을 잣대로 눈앞에 있는 구체적인 표본을 재는 것이다. 달걀 정도 크기의 사과라면, 대개의 사람은 작다고 할 것이다, 만약 수박 정도 크기의 사과를 본다면, 틀림없이 크다고 말할 것이다. 이러한 판단은 물론 절대적인 것은 아니다.

사람들의 경험의 차이, 지식의 차이에 의해 사과의 평균적인 크기라는 것은 변동의 가능성이 있다. 또한 사람들은 자신들이 일종의 잠재적인 비교를 하고 있다는 자각이 없다. 그 때문에 어떤 물건이 크다, 작다고 하는 논의는 가끔 결론을 내리지 못하는 경우가 있다.

종의 규준이란, 당연한 것이지만 사물마다 고유한 것이다. 그래서 좀 이상한 표현이지만 아무리 긴 연필이라도 아주 짧은 스키보다는 짧다라는 표현이 가능하게 된다. 어떤 사물을 판단할 때, 자신이 어떠한 종을 생각하고 있는가를 확실히 하기 위해 "무엇 무엇치고는"과 같은 표현을 쓰기도 한다. 예를 들면 그다지 볼품없는 수박을 보고는 "이 수박은 비전문가가 생산한 것치고는 크다"라는 식의 표현을 쓰는 경우이다. 그러니 이 경우에도 잣대 그 자체는 변함없이 숨겨져 있는 것이다.

비율규준

영어를 배운 사람이라면 누구라도, 서로 미묘한 사용법의 차이가 있는 유의어(類義語)를 구별하여 외운다고 고생한 경험이 있을 것이다. 이러한 헷갈리는 유의어 중에 high와 tall이 있다.

"그는 키가 크다"고 할 때는 tall을 사용하여 He is tall, 혹은 He is a tall man이라고 한다. 결코 high라고는 하지 않는다.

그런데 신장을 말할 때는, He is six feet high라고 말하는 것이 보통이다. 그 때문에 건축물이나 나무 등을 형용할 때는 high, tall 모두 사용한다. 양자의 구별은 알 것 같지만 막상 설명하려고 하면 어렵다.

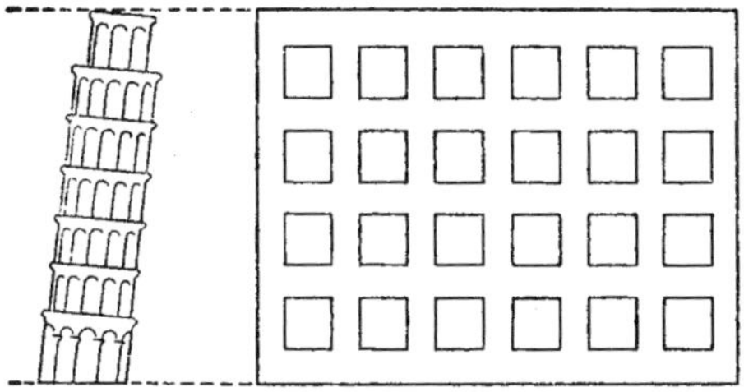

[그림 4]

이것은 다음과 같이 생각하면 쉽게 알 수 있다. high라는 말은 문제의 물체가 지면으로부터 어느 정도 떨어져 있는가를 따지는 형용사이다. 따라서 어떤 사람의 키가 6피트라면, 머리 끝이 지면으로부터 그만큼 떨어져 있다는 의미이기 때문에, high를 사용한다. 건물이나 나무에 대해서 high라고 하는 것도 같은 의미이다. high란, 이처럼 어떤 물체가 지면과 어느 정도 떨어져 있는가 하는 공간적 거리만을 문제시하기 때문에, 구름처럼 공중에 떠 있는 물체에 대해서도 사용할 수 있는 것이다.

그런데 tall은, 단순히 어떤 물체가 지면에서부터 떨어져 있는 거리(높이)만을 문제시하는 것이 아니라, 그 물체가 가지는 폭과 높이의 비교를 문제시하는 형용사인 것이다. tall tree, tall tower라는 표현은, 폭에 비해 키가 크다고 하는 암묵적인 판단을 말하는 것이다([그림 4] 참고). 사람을 형용할 때, 신장 그 자체를 말할 때는 high를 사용한다. 사람 몸 전체의 인상을 말할 때는 tall을 사용하는 것도 이런 이유에서이다. 따라서 같은 키라도 야윈 사람 쪽을 tall이라고 형용하기 쉽다.

tall처럼 물체가 가지는 어떤 성질을 암묵적인 기준으로 하여, 그 물체의 다른 성질을 계측하는 종류의 형용사를 비교규준을 가진 형용사라고 한다.

일본어의 "가늘고 길다"라는 표현은 이러한 타입의 말이다. 영어의 tall에 상당하는 표현은 구태여 말하면 '껑충하다' 일 것이다. 이러한 표현은 양쪽 다 똑바로 서 있는 것을 정상적인 상태로 보는 물체에만 사용하기 때문이다.

기대규준

오래만에 찾아온 친척 아이를 보고, "많이 컸구나. 길에서 만나도 모르겠다"라고 한다. 이에 대해 본인은 "아저씨, 이래도 우리 반에서는 작은 편이예요"라고 멋쩍은 듯이 말할지도 모른다. 이 경우 아이 쪽은 자신의 크기를 반 아이들을 표준(기준)으로 해서 말하고 있는 것이다. 즉 종의 규준에서 생각하고 있는 것이다. 그런데 아저씨 쪽은 예전에 이 아이와 만났을 때의 자신의 기억에 남아 있는 아이의 인상과 눈앞에 있는 아이의 크기를 무의식적으로 비교하고 있는 것이다. 머리 속에서 그 아이는 어느 정도쯤은 컸겠지 하고 생각하고 있었는데, 벌써 이만큼이나 성장했는가 할 정도로 그 기대를 벗어난 데 대한 놀람을 '꽤 많이 컸구나' 라는 말로 나타낸 것이다. 이처럼 개인이 지금까지 가지고 있었던 어떤

[그림 5]

사물에 대한 자기 나름의 척도로 그 어떤 것을 판단할 때, 사용하는 규준이 기대규준인 것이다.

심부름 값으로 천원 받고, 왜 이리 작은가 하고 불평할지 모른다. 그러나 어머니 쪽은 너무 많을 정도라고 하면서 화를 낼지도 모른다. 어머니는 아이의 심부름 값치고는 많다고 종의 규준에서 생각하는 데 비해서, 아이는 기대규준에서 판단하고 있는 것이다. 만약, 이 아이가 "친구 누구누구는 훨씬 많이 받아요" 라는 식으로 말한다면, 이것은 단순한 명시적인 비교에 지나지 않기 때문에 숨겨진 비교는 아니다.

적격규준

사람이 사용하는 숨겨진 규준의 4번째는, 어떤 사물이 적격한가 어떤가 하는 견지에서 판단을 내리는 비교가 있다.

'좁은 방', '넓은 방' 과 같은 표현에 대해서 생각해 보자. 이러한 표현은 종의 규준에 의한 판단을 나타내고 있다고도 할 수 있다. 하지만 그렇다고 한다면 '큰 방', '작은 방' 이라는 표현도 있다. 생각해 보면 '좁다', '넓다' 라는 것은 그 '방' 을 몇 사람이 무슨 목적으로 사용하느냐에 의해 결정되는 것이다. 40자 30자 크기의 방이라도 몇 백 명이 모여 회식을 할 경우에는 "좁아서 안 되겠다" 고 하겠지만, 20자 15자 크기의 방에 혼자 자게 될 경우에는 '넓어서' 안정이 안 될지도 모른다.

입구가 '좁은지', '넓은지' 에 대한 것도 한 번에 지나가는 사람의 수에 의해 정해진다. 한 사람이 겨우 지나갈 정도의 입구는 언제나 좁지만, 출입한다는 목적에 대한 적격성을 기준으로 판단한다는 점에서는 변함이 없다.

이처럼 적격성규준을 가지는 형용사란, 사물이나 대상의 성질 그 자체에 대해서 뭔가 서술하는 것이 아니라, 그것에 대한 인간의 형편(사정)을 말하는 데 지나지 않는다. 우리들은 보통 '좁은 방', '넓은 입구' 라고 말할 때 '밝은 방', '멋있는 입구' 등의 표현과 같이 대상 그 자체가 가지고 있는 성질을 말하는 것처럼 착각하고 있는 것이다.

'좁다' 란 어떤 대상물이 인간이 어떤 활동을 하는 데 충분한 넓이를 가지지 못한다는 의미이지만, 그것이 곤란한 것이지, 아니면 환영할 만한 것인지를 평가함에 있어서는 어느쪽도 아닌 중성이다.

즉 무엇이 '좁다' 라는 것은 형편이 좋을 수도 있고 나쁠 수도 있는 것이다. 적의 습격을 막기 위해서는 성 입구가 좁은 것이 유리할 것이고, 좁은 방이 오히려 안정감을 느끼게 해서 좋다는 사람도 있을 것이다.

그런데 규격기준을 나타내는 형용사 중에는 평가가 확실히 어느 한 쪽으로 기울어져 있는 것도 적지 않다.

어떤 어머니가 가능한 한 오래 입으라고 좀 큰 옷을 사 주었다. 어린이가 불만스러운 듯이 "어머니, 너무 헐렁헐렁하잖아요" 라고 하면, 어머니는 "그렇지만, 여유가 있어 좋지 않으냐" 라고 답하는 정경을 생각해 보자. '헐렁헐렁' 도 "여유가 있어" 도 모두 옷이 너무 크다고 하는 객관적인 판단에 대해서는 일치하고 있다. 그러나 '헐렁헐렁' 이라는 표현은, 그 기준의 초과를 난처한 것, 마이너스로서 평가하고 있는 데 비해서, '여유 있는' 이라는 표현은, 바람직한 것, 플러스로서 평가하고 있는 데에서 차이가 있다. 옷에 대해서는 '달랑함, 덜름' 이라든가 '치수가 작다', '꽉 조인다' 등이 규준보다 부족하다는 것을 나타내는 표현이다. 이러한 표현은 칭찬하는 말이 아니라는 점으로 미루어 봐서, 이러한 부족을 부정적으로 평가하고 있다는 것을 알 수 있다.

옷에 대해서 자주 이용되는 적격규준어 중에 '꼭 맞다', '딱 맞다' 같은 표현도 포함시킬 수 있겠다. 이것은 입는 사람의 몸이라는 규준에 어떤 옷이, 과부족 없이 잘 맞는 크기다라는 판단을 나타내고 있는 것이다.

이러한 적격규준을 가진 옷에 관한 말을, 이상의 관점에 따라서 그림([그림 6])으로 나타내 보면 재미있는 것을 알 수 있다. 그것은

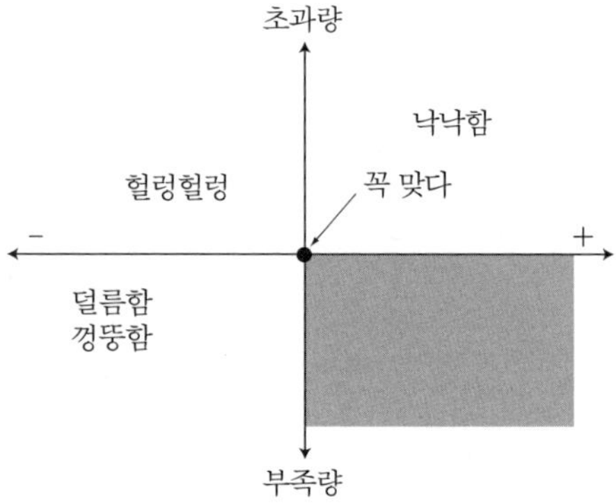

[그림 6]

크기가 부족한 것을 긍정적으로 받아들이는 말이 하나도 없다는 것이다. 이것은 옷이 가지는 성질을 생각할 때 당연한 것이다.

형용사 중에는 '좁다' 처럼, 거의 적격규준의 견지에서만 사용되는 것이 있지만, 적격규준 그 자체는, 많은 다른 형용사의 경우에도 보이는 것이다. 예를 들면 '크다' 는 객관적인 대소를 말할 경우에는 종의 규준에 근거하고 있고, 주관적인 개인의 판단의 기대규준이라고 해석하지만, 김장을 담글 때 눌러두는 큰 돌이 필요할 때에는 확실히 적격규준을 사용하고 있는 것이다. 여러 종의 차원을 나타내는 형용사는 많든 적든, 적격규준에 맞게 사용하는 경우가 많다.

사람 꼴의 규준

잠재적인 비교 기준에 이상의 4종류가 있다는 것을 처음으로 밝힌 사람은, 스위스의 언어학자 에른스트 라이지이다.[2] 그의 연구는 1953년에 발표된 후, 많은 학자들이 더 새로운 기준을 찾아 여러 방면으로 연구를 거듭하였지만, 아직까지 별다른 기준을 발견했다는 소식은 듣지 못했다. 그러나 필자는 인형의 기준이라고 할 수 있는 새로운 기준을 세울 수 있지 않을까 하고 발표한 적이 있는데, 그것을 여기에 소개하고자 한다.[3]

우리들은 자주 "코끼리는 코가 길다"라든지, "기린은 목이 길다"라는 표현을 쓰지만, 코끼리의 코가 길다라고 할 때의 기준은 도대체 무엇인가 하는 것이다.

대체로 "코끼리는 코가 길다"라는 표현은, 논리학에서 말하는 전칭명제(全稱命題)로서, 일상언어에 의한 하나의 구체적인 표현이라고 간주할 수가 있다. 즉 이 문장은 "어떤 사물이 코끼리이고, 그것이 코라고 부르는 것을 가지고 있다면 그것은 언제나 길다"라는 것이다. 쉽게 말하면 "모든 코끼리는 긴 코를 가지고 있다"라는 의미로 해석해도 좋다. 이러한 종류의 표현은 뭔가 특징적인

2) Leisi, Ernst, *Der Wortinhalt—Seine Struktur im Deutschen und englischen*, 2, erweiterte Auflage, Heidelberg, 1961.

3) Suzuki, Takao, "An Essay on the Anthropomorphic Norm," in *studies in General and Oriental Linguistics*, edited by Jakobson and Shigeo Kawamoto, Tokyo, 1970.

신체부분을 가진 여러 동물에 대해서 얼마든지 만들 수가 있다. "기린의 목은 길다", "돼지 꼬리는 짧다", "학의 목은 길다" 등으로 말이다.

그러면, 이러한 표현에 한결같이 보이는 '길다', '짧다'의 기준은 도대체 무엇인가. 우선 명백한 것은, 종의 기준은 아니라는 것이다. 종의 기준이란, 예를 들면 품평회에서 수박만한 크기의 사과를 본 사람이 "와! 사과 크다"라는 의미이고, 무엇에 비교해 큰가 하면, 보통 평균적인 사과와 비교해 크다고 하는 것이다. 종의 기준이란 요컨대, 어떤 대상의 집합, 특정의 대표자 즉 표본에 대한 판단을 내릴 때 사용하는 것이고, 논리학적으로 말하면, 특칭명제(特稱命題)에 속하는 것이라고 할 수 있다. 따라서 "코끼리는 코가 길다" 같은 전체 명제적 성격을 가지고 있는 표현과, 종의 기준은 서로 용납되지 않는 성질의 것이다. 꼭 종의 기준이라고 생각하고 싶은 경우에는, 모든 코끼리를 그 구성멤버의 일부로 하는 것 같은 큰 집합, 즉 동물 전체(예를 들면 포유류 전체)를 하나의 종으로 간주하여 생각하는 것은 가능할 것이다.

즉 "동물 중에 어떤 멤버(이 속에 모든 코끼리가 포함된다)는 코가 길다"라는 의미로 "코끼리는 코가 길다"라고 보는 것이다. 이러한 사고의 난점은 동물이라는 집합이 비록 포유류라고 한정했다고 해도, 아주 다종다양하기 때문에 동물들의 보통 평균적인 코의 길이라는 것을 상정할 수 없다는 것이다. 적어도 눈앞의 대상을 그 자리에서 길까, 짧을까를 판단하기 위해 필요한, 적합한 표준으로서 '동물의 평균적인 코의 길이'라는 것은 그 어느 누구도 가지고 있지 않은 것이다.

그러면, 비율기준에 근거한 판단이라고 생각할 수 있을까. 이렇게 생각하는 편이 종의 기준보다도 타당성이 있는 것처럼 생각된다. 비율기준이란 어떤 물체(대상물)의 어떤 차원을 평가할 때에, 그 물체의 또 다른 차원이 잣대가 되는 것을 말한다.

이러한 견지에서 코끼리의 코를 보면, 확실히 폭(직경)에 비해 길이가 현저하게 길다. 그 때문에 비율기준이 꼭 들어맞는다고 우선은 생각할 수 있다. 그러나 더 깊이 생각해 보면, 이 설명도 충분하지 않다는 것을 알게 된다.

지금 학의 다리와 참새 다리를 비교해 보면, 전자(학)의 경우는 어느 누구라도 길다고 인정하겠지만, 후자의 경우는 짧다고 생각

[그림 7]

하는 사람이 많을 것이다. 어쨌든 참새의 다리는 사람의 눈을 끌 만한 특징을 가지고 있다고는 생각되지 않는다. 그러나 다리만 관찰하여 길이와 굵기의 관계를 조사해 보면, 참새의 다리도 꽤 가늘고 길다.

즉 비교기준적으로 말하면 참새 다리는, 종적(縱的)인 차원의 경우가 횡적(横的)인 차원보다 훨씬 길다. 그런데도 참새의 다리는, 보통 길다라고 말하지 않는다. 이러한 예에서처럼 특징적인 신체 부위를 가진 어떤 동물에 대해 다리가 길다라든가, 코가 길다라고 할 경우는, 그 부위만의 형상을 문제시하는 것이 아니라 문제의 부위와 몸 전체 크기와의 균형 관계를 보고 말하는 것이다.

코끼리 문제로 되돌아와서 생각해 보자. 코끼리는 육상동물로 제일 큰 동물이다. 따라서 만약 코끼리의 몸 크기에 맞는 길지도 않고 짧지도 않는 적당한 코의 길이를 생각한다면 어느 정도가 적당할까. "이 정도의 길이가 코끼리로서는 적당"하다는, 우리들이 생각하는 기준이 있어서 그 기준으로 현재 코끼리의 코를 보기 때문에 코끼리의 코는 길다라고 말하는 것이다. 즉 우리들이 느끼는 코와 몸 전체와의 균형이 맞는 비율이 있는 것이지, 그냥 단순히 코만을 대상으로 한정한 길이와 폭의 비율이 문제가 아니라는 것이다.

우리들이 여러 동물의 현저한 신체적인 특징을 보고, 길다라든가, 짧다라든가, 굵다, 가늘다라고 언급할 때에는 그 전체와의 조화기준이 문제시되는 것이다.

그렇다면, 동물 일반의 몸의 어떤 특정한 부분과, 몸 전체의 비율을 따질 때 조화적이고 기본적인 것으로, 무엇이 우리들 머리속에 존재하는 것일까. 필자의 생각으로는, 인간의 몸에서 부분과 전체의 비율이, 하나의 척도(확장적, 비유적)로 사용된다고 생각한다. 그것은 인간 이외의 동물을 볼 때도 마찬가지라고 생각한다.

이렇게 생각하는 근거의 하나로 "코끼리는 코가 길다" 식의 전칭명제는, 인간의 몸 부분에 대해서는 일반적으로 성립되지 않는다는 것이다.

"사람은 손이 길다" 라는 표현은 왠지 어색하다. 즉 성립하기 어려운 문장이다. 사람의 손은 길지 않기 때문이다라고 하는 것은 이유가 되지 않는다. 왜냐하면 "사람은 손이 짧다" 라는 반대의 표현도 마찬가지로 어색한 문장이기 때문이다. "코끼리는 코가 짧다" 가 이상한 것은 사실에 반하는 문장이기 때문이지만, 인간의 손에 관한 전칭명제의 이상함은 사실에 대한 허위성이 이유가 되지는 않는다.

그러나 사람을 주어로 하는 문장이라도, "이 사람은 손이 길다", "철수는 손이 짧다" 와 같은 표현, 즉 인간 중 어느 특정한 개인에 대한 명제 및 "일본인은 발이 짧다" 같은 특정 집단에 관한 명제는 전혀 이상하지 않다. 즉 특칭명제는 가능하지만, 전칭명제는 불가능하다는 것을 알 수 있다. 말할 필요도 없이 특칭명제의 경우 길다, 짧다의 기준은 종의 기준이다. 주어가 철수인 경우 종은 한국인이고, 주어가 한국인인 경우는 외국인을 포함한 인간이 전체라고 하는 종을 전제로 하고 있는 것이다.

인간의 몸 전체와 각 신체부분의 비율이, 동물의 외견의 조화도를 정하는 잣대로 사용되기 때문에, 잣대(조화의 원형) 그 자체를 문제로 하는 "인간의 손은 길다(짧다)"와 같은 표현은 성립되지 않는다고 보는 것이다. 고양이의 목은 짧다, 길다라고 하지 않는 것은, 고양이의 목과 몸의 비율이 우리들이 가지는 조화감각의 범위에 들기 때문이다. 이에 반해 코끼리의 코나, 기린의 목은 우리들의 눈에는 조화되지 않는, 균형이 맞지 않은 것으로 비치기 때문이다.

물론 현대의 인간은, 코끼리나 기린을 보아도 그다지 놀라지 않는다. 각종의 정보(그림이나 사진)나, 때로는 어릴 때부터 실물과 접하기 때문이다.

그러나 전혀 경험 없이 처음으로 코끼리나 기린을 보았을 때, 그 이상한 모양에 놀랄 것이다. "코끼리는 코가 길다"라는 식의 표현은, 그 이상한 형태에 대한 인간 자신의 놀람의 언어적인 표현이고, 그 이상함의 기준이 되는 것은 궁극적으로 우리들 자신의 신체부분의 비율이라고 할 수 있을 것이다.

"만물의 척도는 인간이다"라는 말을 고대 그리스인이 했지만, 人形(사람 꼴)의 기준은 이에 꼭 들어맞는다. 그뿐 아니라 말을 사용하여 세계를 정리할 때의 방법은, 크든 적든 전부 인간 중심, 즉 인간이 기준이었던 것이다.

IV. 말의 의미, 말의 정의

음(音)과 의미(意味)

말은 그것이 어떤 언어에 속하는 것이든, 어떤 종류의 것이든 반드시 두 부분으로 되어 있다. 첫째, 말은 음으로서 일정한 형태를 가지고 있다. 이것을 말이 가지는 외형이라고 생각해도 좋다. 둘째, 말에는 내용이 있다. 흔히 말하는 '말의 의미'가 이것이다.

그런데 말을 연구하는 학문인 언어학의 경우, 말의 음적 가치에 대한 연구는 긴 역사를 가지고 있을 뿐 아니라 상당히 연구가 진전되어 있는 데 비해서, 말의 의미에 대한 연구는 아주 뒤처져 있다.

18세기 유럽에서 일어나 19세기에 절정을 이룬 역사적인 비교

언어학조차도, 연구의 중심은 언어의 음적 측면이었다. 특히 금세기 전반의 과학주의 · 행동주의적인 색채가 강했던 미국 언어학에서는 이러한 경향이 현저했고, 의미의 연구는 별것 아니라고 생각했다. 의미라는 언어의 아주 중요한 구성요소 그 자체가 비언어적인 심적 현상으로서, 말의 세계로부터 따돌림을 당했다.

이러한 언밸런스가 생긴 이유는 간단하다. 음성은 물리현상으로서, 거기에 존재하는 명료한 대상으로서의 성격을 가지고 있다. 아주 옛날 언어의 음성들은 불완전하긴 하지만, 문자라는 형태로 남아 있지 않은가. 말의 음성적 측면의 연구는, 음성이란 무엇인가 하는 것을 정의할 필요조차 없었다. 자명한 연구대상이 처음부터 존재했던 것이다. 이에 비해, 말의 내용적 부분은 인간의 정신활동에 관계되는 부분이 많아, 구체적인 대상성(對象性)을 갖지 못하기 때문에 꼬집어 연구할 만한 데가 없었던 것이다.

"말의 의미란 무엇인가" 하는 점에 대해서 많은 논의가 있었고, 수많은 정의가 거론되었음에도 불구하고, 지금까지 결정적인 답을 얻지 못하고 있다. 따라서 말의 연구도 전체적인 차원에서 보면 산발적이고 부분적인 것에 지나지 않고 있다.

금세기 후반이 되어, 언어학이 비약적으로 진보하여 종래의 문법이론의 틀을 넓혀 의미의 문제까지도 문법적 사실로 설명하려고 하는 노력이 정력적으로 추진되고 있지만, 복잡하기 그지없는 말의 의미에 관해서는 아직 해명할 수 없는 점이 아주 많이 남아 있다.

사전은 말의 의미를 설명하지 않는다

그런데 언어학 그 자체가 의미의 문제에 대해 이러한 모색을 계속하고 있는 사이에도, 말의 의미에 대해 그 의미는 이러한 것이다라고, 일단은 이해한 것으로 취급하지 않으면 안 되는 숙명적인 분야가 옛날부터 존재하고 있었다. 그것은 사전이었다.

사전의 중요한 역할 중 하나는, 사람들이 모르는 말을 설명해 주는 것이다. 확실히 사람들이 말의 의미를 생각하거나, 사람에게 가르칠 경우, 의존하는 것은 사전이다.

이렇게 생각하면, 우리들이 의미의 문제를 생각하려고 할 때 결론 나지 않은 각종의 언어논리나 학설을 비교검토하는 방법과는 별도로, 사전에 의한 말의 의미를 조사해 보는 것도 의외로 재미있는 결과를 낳지 않을까 하고 생각한다.

의미의 문제를, 말하자면 입구에서가 아니라 출구에서 조사해 보자는 것이다. 이것은 사전을 만드는 사람들이 비전문가나 문외한이 아니라, 훌륭한 언어 전문가라는 점에서도, 성공했는가 그렇지 않은가에 대해서는 별도로 하고, 우리들이 말의 의미를 생각해 가는 데 실마리를 제공해 줄 가능성이 있다고 생각하기 때문이다.

이러한 목적을 가지고 필자는 여러 가지 언어 사전을 조사해 본 적이 있다. 그냥 막연히 말의 의미를 알고 싶다고 생각하면서 사전을 펼쳤을 때에는 만족할 만한 답을 얻은 적도 있지만, 도대체 이것으로 말의 의미를 설명했다고 할 수 있을까 하고 화를 낸 적도 적지 않았다.

그런데, 사전에는 말의 의미가 씌어 있다는 암묵(暗默)의 전제를 바탕으로 하나 하나 단어의 내용 설명을 보니, 실로 재미있는 몇 개의 문제를 발견하게 되었다.

그중에서 필자가 발견한 가장 중요한 점은, 사전 저작자들이 하나같이 범하고 있는 잘못이, 필자가 말하는 말의 '의미'와 말의 '정의'의 구별을 확실히 하고 있지 않다는 것이다. 그 때문에 종종 불필요한 어려움을 겪을 때가 있다.[1)] 그래서 우선 사전이 가지고 있는 두세 개의 주변적인 문제를 해결하고 나서, 말의 '의미'와 말의 '정의'를 왜 구별할 필요가 있는지, 또 구별함으로써, 종래 그냥 언어의 의미라는 막연한 개념으로 나타내었던 것이 어떻게 명확해지는가 하는 문제 등에 관해서 고찰해 보고자 한다.

'돌'이란 무엇인가

첫째, 이미 제1장에서 break나 drink의 구조를 설명할 때 언급한 것처럼, 어떤 말의 쓰임이 부분적으로 대응된다고 해서 다른 말로 바꾸어 설명하는 방식은, 원래의 말의 의미를 적절히 나타내지 못

1) 이 장에서 서술한 '의미'와 '정의'의 구별은 스즈키 다카오(鈴木孝夫) 「語의 意味」, 『강좌 바른 일본어』, 第四卷 語彙編, 明治書院, 1970年에 처음 발표한 것이다.

한다는 중대한 결점이 있다.

예를 들면 break란 단어를 '깨다', '부수다', '쪼개다', '꺾다' 등으로 나열하여 설명해도 이 동사들의 내용을 이해하고 있지 않으면, 결국 break의 바른 뜻을 잡지 못하는 것이다.

이와 꼭 같은 현상은 국어사전의 경우에도 나타나 있다. 예를 들면 '숭배하다' 라는 단어를 "받들어 경배하다" 라고 설명한 사전이 있는데, 이것은 A라는 단어를 B와 C로 치환한 것에 지나지 않는다. A라는 단어를 설명한 것으로는 되지 않는다.

이러한 치환 방식은 소위 의미의 설명을 일단 연기한 것에 지나지 않는다. 결국은 '받들다', '경배하다' 라는 단어를 설명해야 할 필요가 생기기 때문에 해결을 일시 회피한 것에 지나지 않는다.

그래서 사전에서 말의 의미에 관한 설명의 진짜 모습을 보기 위해서는, 사전 편찬자가 고심에 고심을 거듭한 케이스를 검토하지 않으면 별 의미가 없다는 것을 알게 되었다.

그래서 현대의 대표적인 국어사전에서 '돌' 이라는 단어가 어떻게 설명되어 있는지 보기로 하자.[2)]

"흙이나 나무보다 단단하고, 물에 잠기며, 모래보다 크고, 바위보다 작은 덩어리." 그다지 찾아보는 사람이 없으니까 다행이지, 이 설명이 얼마나 불완전하고 부적절한지는 한눈에 알 수 있다. 나쁘게 말하면, 이 설명에 따르면 철이나 납도 돌이라고 부를 수

---

2) 岩波國語辭典, 西尾 實 · 岩淵悅太郎 · 水谷靜夫 編, 1963년.

있게 되고, 유리, 뼈도 전부 돌이라고 할 수 있게 된다.

게다가 더욱 잘못된 것이 있다. '돌' 이라는 말의 의미를 몰라 사전을 봤을 터인데, 이것을 설명하려고 '모래' 나 '바위' 같은 단어를 사용했다는 점이다. 이 '모래' 와 '바위' 는 실은 '돌' 이라는 단어를 사용하지 않으면 설명이 안 되는 데도 말이다.

같은 사전에서 '모래' 는 "입자가 아주 작은 돌" 이라고 되어 있고, '岩' 에 대해서는 '큰 돌' 이라고 되어 있다. 즉 '돌' 이란 단어가 무엇을 의미하는지 모르는 사람은, 결국 '돌' 을 모른다면 언제까지고 '돌' 의 의미를 이해할 수 없게 되는 이상한 구조에 빠져버리고 만다.

예를 하나 더 들기로 한다. '아프다' 라는 형용사를 찾아보면 "아픔을 느끼는 것" 이라고 되어 있다. 그래서 '아픔' 을 보면 "아픈 것" 이라고 되어 있다. 결국 원래대로 되돌아오고 마는 것이다.

'돌' 의 경우나 '아프다' 의 경우도 사전은 확실히 순환정의에 빠져 있는 것이다. 즉 빙빙 돈 것에 지나지 않는다. 단지 여기서 양해해 두고 싶은 것은 이러한 사정이 일본의 국어사전에 한한 것이 아니라 외국의 사전에도 대동소이하다는 점이다.

예를 들면, *Concise Oxford Dictionary*에서는, pain에 대하여 pain, n. Suffering, distress of body or mind라고 되어 있다. 그래서 suffer를 보니까, suffer, V. T. & i. Undergo, experience, be subject to (pain, loss)라고 되어 있어, 결국 원래의 pain으로 되돌아가고 말았다.

이것은 도대체 왜 이렇게 된 것일까.

'돌' 이나 '아프다' 또는 '마시다' (p.22 참조)와 같은 소위 뻔히 알고 있는 말에 대한 설명은 어느 사전을 봐도 결함투성이다. 이러한 말은 모두 이미 쉬운 한 단어 또는 몇 개의 단어의 단순한 나열로는 치환이 불가능한 것이다. 이러한 기본적인 말을 기초어라고 부르기로 한다.

말의 의미

그래서, 이 기초어와 필자가 언급하는 종류의 말을 우리들이 도대체 어떻게 해서 학습하였는지에 대해 생각해 보자

이러한 것에 공통적으로 말할 수 있는 것은, 우리들은 이러한 말들을 한결같이 무감각적으로 습득하였다는 것이다. 기초어는 어느 나라의 언어라도 어린아이가 성장하는 과정에서 일상생활을 통하여 그냥 알게 된다. 그 과정에서는 말의 음형과 의미내용이 혼연일체를 이루어 학습되는 점이 제2의 특징이다. 즉 "~라는 단어는 무슨 뜻?" 이라든가 "~라는 것은 무슨 말?" 이라는 식의 질문 대상이 되지 않는 말이다.

이에 비해, 더 어려운 말, 즉 고어나 외래어(외국어) 및 전문용어의 경우는 반드시 말의 음형을 우선 귀로 듣고 다음에 그 의미를 묻는 식으로 해서 학습하든가, 아니면 무엇을 보고, 그것은 무엇이라고 하는가 하는 식으로 학습하는 것이 보통이다.

기초어에는 음형과 의미내용의 이러한 분리는 있을 수 없다. 기초어는 늘 음형과 내용이 말하자면 세트로 되어 무엇이 먼저라고 할 것도 없이 제시되기 때문에, '돌' 이란 무엇인가, '아프다' 란 어떠한 의미인가 하는 질문은 별 의미가 없다. 즉 다른 말로 설명한다거나, 치환하는 것을 원칙적으로 필요로 하지 않는 것이다. 이러한 기초적인 어휘는, 따라서 하나의 언어사회에 속하는 모든 사람들 사이에 예외 없이 공유되어 있는 것이라고 생각할 수 있다. 모든 사람들이 각자 나름대로 자유롭게 잘 사용하는 단어인 것이다.

그렇다면 기초어에 관한 한 모든 사람의 이해가 완전히 똑같으냐 하면 결코 그렇지 않다는 것이다. 왜냐하면 사람에 따라 어떤 말에 대한 경험이 각기 다르기 때문이다.

'개' 를 예로 들어 생각해 보자. 이전에 개에게 물린 경험이 있는 사람과 그렇지 않은 사람과는 '개' 라는 단어에 대한 이미지가 다를 것이다. 또 개를 아주 좋아하는 사람은 여러 종류의 개를 구별할 수도 있을 것이고, 성질의 차이를 지적할 수도 있을 것이다 그러나 개에 대해서 무관심한 사람은 그렇게 할 수 없을 것이다.

그러나 어느쪽도 '개' 라는 단어를 이해하고, 사용할 수 있다는 점에서는 같다. 이러한 사실을 여러 가지로 고려하여, 필자는 말의 의미란 일반적으로 다음과 같은 것이라고 생각한다.

"우리들이 어떤 음성형태(구체적으로 말한다면 '개' 라는 음)와 관련해서 가지고 있는 체험 및 지식의 총체가 그 말의 '의미' 라고 부르는 것이다." 말의 '의미' 를 이렇게 규정한다면 다음의 2가지

유명한 「장님 코끼리 만지기」의 이야기는 같은 대상(따라서 같은 말)에 대한 사람들의 이해가 서로 얼마나 다른가 하는 것을 나타내는 것이다.

[그림 8]

성질이 '의미' 에 포함된다고 할 수 있다.

(1) 말의 '의미' 는 개인에 따라 상당히 달라진다. (2) 말의 '의미' 는 말에 의해 전달될 수 없다. 이 2가지 사실을 좀더 자세하게 설명하기로 한다.

음과 결합한 개인의 지식체험의 총체

지금 설명한 것처럼 개를 좋아하는 사람과 그렇지 않은 사람은 개라는 동물에 관해 경험한 것이나 알고 있는 것의 총체에서 상당한 차이가 있다. 그러나 어느쪽도 '개' 라는 일본어의 의미는 알고 있는 것이다. 물론 말의 의미에 관한 견해도 사용하는 사람에 따라 같은 말에도 좀 차이가 생긴다는 것을 인정하고 있다. 다만, 이 개개인에 의해 달라지는 부분은 정서적 의미라든가 함축적 의미 등으로 불리며, 말의 의미의 주변적, 부가적인 것이라고 한다. 그리고 의미의 중심부분은 지시적 의미 등으로 불려, 개인에 의해 바뀌는 것이 아니라 사회적으로 안정된 공통항목으로 인정된다. 이 공통항목을 찾아내는 노력과 이 공통항목을 어떻게 일반화할 수 있을까에 대한 노력이 계속되어 왔다.

필자의 생각으로는 이러한 정서적 의미와 지시적 의미를 구별할 필요가 없을 뿐 아니라, 구별할 수도 없다고 생각한다. 물론 우리들 주위에서 우리와 친근하게 지내는 동물, 즉 개와 같은 경우에는 '개' 의 '의미' 에 공통부분이 많은 것은 사실이다. 그러나 개를 늑대와 바꾸어 놓고 보면, 사람들 사이의 동일한 동물에 대한 이해가 얼마나 다른가 곧바로 알 수 있다. 옛날이야기나 동화 속에서만 알고 있는 아이와 늑대의 형태, 발 모양, 배설물, 다니는 길, 습성 등에 대해서까지 알고 있는 포수, 또 전세계적으로 늑대의 종류, 분포, 해부학상의 분류학적 지식을 가지고 있는 동물학자, 이 3자가 가지는 '늑대' 에 대한 이해와 내용은 다를 것이다.

하나 더 식물에서 예를 들어 보자. 현재, 많은 도시 사람들은 솜, 담배 같은 말은 들으면 이러한 것들은 식물을 통해서 만든 제품이라고밖에 생각하지 않을 것이다. 담배는 잎을 잘라 종이에 말아 담배 갑에 넣어져 있는 것, 솜은 탈지면이나 이불 만들 때 쓰는 푹신푹신한 것 정도로 이해하고 있을 것이다.

이 사람들이 산촌에 갔다고 해도 이러한 제품이 만들어지는 식물을 알아본다는 것은 무리일 것이다. 전분이 감자로 만들어진다는 것을 알고 있는 사람은 적을 것이다.

이러한 말에 대해 농촌 사람들이 가지는 지식 및 경험내용과, 도시 사람들이 가지는 그것과 서로 일치하는 부분은 아주 적을 것이다. 만약 공통부분이 말의 사회적인 지시적 의미라고 한다면, 곤약이란 사각형의 흐물흐물한 식품이 되는 것이고, 식물로서 자라난 곤약은 이 단어의 함축적, 정서적 의미인 것이다. 이러한 이상한 결과를 초래하지 않기 위해서도 어떤 말의 '의미'는 그 음적 형태와 결합한 개인의 지식경험의 총체라고 생각하는 편이 말의 현실에 합치한다고 생각한다.

말의 의미는 말로는 전달 불가능

말의 '의미'를 이렇게 규정한다면, 그것이 단순한 말로써 다른 사람에게 전달될 수가 없는 것은 당연할 것이다(물론 사람은 자신의 경험에 대해 타인에게 말할 수는 있다). 예를 들면, 초콜릿을 먹어본 적이 없는 사람에게 초콜릿의 맛을 말로만 전할 수는 없을 것이다. 이것이 말의 '의미'라고 하는 것은 말로써는 전달 불가능하다고 하는 이유이다. 그러나 말의 '의미'를 이렇게 규정하면, 우리들이 사람들로부터 새로운 말을 배우기도 하고, 사람들에게 가르치기도 하는, 즉 말은 사회적으로 전달 가능하다는 아무도 부정할 수 없는 사실과 이 '의미'의 전달 불가능과는 도대체 어떠한 관계에 있는가 하는 의문에 답해야만 한다.

말의 정의

필자의 생각으로는, 사람이 다른 사람에게 말을 가르칠 수 있는 것은 말의 '정의' 를 가르칠 수 있는 것이지 말의 '의미' 를 가르치는 것은 아니다.

말의 '정의' (이것에는 후술하듯이 여러 종류가 있다)는 전달 가능하다. 이 점에 대해서 실례를 들어 가며 설명하면 다음과 같다.

'떫다' 라는 단어를 국어사전에서 찾아보았다.

'떫다' (떫은 감을 먹었을 때 등의 저리는 것같이 혀를 자극하는 느낌을 주는 것.)

이 설명은 '떫다' 라든지 '떫음' 이란 어떤 것인가 하는 점에 대해서는 한 마디도 언급하지 않고 있다. 씌어 있는 것은 사전 편찬자들이 알고 있는 '떫다' 라는 감각을 독자들이 어떠한 방법을 취하면 좋을까 하는, 말하자면 목적지에 도착하기까지의 길안내를 하고 있을 뿐이다. 그 다음은 인간이란 동일한 조건 하에서는, 동일한 체험을 할 수 있다고 하는 증명 불가능한 직관적 전제에 모든 것을 맡기고 있는 것이다.

> "잘 익은 맛있는 감이 아니라, 아직 익지 않은 파란 감을 먹어 보세요. 그러면 당신이 스스로 느끼는 혀의 감각, 그것이 바로 '떫음' 인 것이다."

생각해 보면 말의 사회적 학습이란, 어떠한 경우에도 앞에서 설명한 바와 같은 방법으로 이루어지고 있는 것이다. 필자는 이것을 말의 '정의' 라고 부른다. '정의' 란 어떤 사물의 한계를 확실히 하는 것에 지나지 않는다. 대상 그 자체를 가르치는 것이 아니라, 대상이 포함되는 범위를 명확히 하는 것이다.

말의 '정의' 의 일반적인 기준은 무엇인가를 나타내는 "이것은 ~입니다" 라고 하는 것이다. 그것을 보통 '지시정의' 라고 부른다. '지시정의' 는 '정의' 중에서도 가장 간단한 것이지만, 또 여러 가지로 불완전한 점도 많다. 눈앞에 대상이 없으면 안 되는 것은 말할 필요도 없지만, 가장 중요한 결점은 그 말을 가르치는 사람이 눈앞에 있는 대상의 어느 부분에 주목하여 그 말을 사용하는가 하는 것을 배우는 사람은 모른다는 것이다.

예를 들면, 어린 아이에게 공을 보이면서 "이것은 공이다" 라고 가르쳤다고 하자. 아이는 둥근 모양을 한 것을 '공' 이라고 하는구나 하고 생각하고 수박이나 콩을 보고도 '공' 이라고 하게 될 가능성이 있다.

그래서 이 아이는 '공' 이라는 말을 여러 물체에 사용하게 되는데 그때마다 칭찬받기도 하고, 웃음을 사기도 한다. 그러면서 어느 구형(求刑)을 한 대상이 어떠한 조건을 갖추었을 때 '공' 이라고 하는가를 알게 된다.

지시하는 대신에 말을 사용하여 어떤 말을 사람에게 가르친다는 것은 본질적으로는 '지시정의(指示定義)' 를 여러 조건 하에서 반복하는 것을 대신할 것이라고 생각할 수 있다. 즉 자신이 어떤 특정한 말에 관해 가지고 있는 경험과 동등한 경험을 다른 사람도 가질 수 있도록 여러 방법으로 정황의 범위를 제한하고, 조건을 달아 가는 것이다. 따라서 말에 의한 말의 '정의' 는 가르치는 사람의 경험과 배우는 사람의 경험과의 차이 및 '정의' 를 내리려는 목적 등의 조건에는 천차만별의 형태를 취할 수 있다. 예를 들어, 호랑이를 모르는 아이에게 호랑이란 무엇인가를 말로만 가르치려고 한다고 하자. 만약 그 아이가 고양이를 알고 있는 경우라면, 호랑이란 아주 큰 고양이 같은 것이라고 가르칠 수 있기 때문에 대상의 범위는 아주 좁아진다. 그러나 이것만으로는 사자나 표범과 구별할 수 없다. 그래서 더욱 상세한 설명이 필요하다. 그러나 아무리 설명한다고 해도 절대적인 의미로서의 충분한 설명이란 존재하지 않는다.

말에 의한 어떤 '정의' 가 바른가, 충분한가 하는 것은 어디까지나 그 말을 사용하는 목적과 상대적으로 관계하고 있는 것에 지나지 않는다. 완전무결하고 언제 어디서나 모든 사람에게 만족을 줄 수 있는 완벽한 '정의' 란 없다는 사실을 이해할 필요가 있다.

사전에서 '돌' 을 정의할 필요는 없다

이쯤에서 처음에 취급한 사전이 다루고 있는 말의 의미의 취급법에 대한 이야기로 돌아가자. 말의 '의미'를 말로 전한다는 것이 불가능하다는 것을 인식한다면 사전의 역할은 말을 '정의'하는 것에 지나지 않는다는 것이다. 이러한 관점에서 조금 전에 인용한 '石'과 '아프다'에 대해서 살펴보면 어느쪽도 뱅뱅 도는 '순환정의'이지만 양자에는 명확한 차이가 있다는 것을 알았다. '石'은 "모래보다 크고, 바위보다 작은 덩어리로, 흙보다 단단하고 물에 가라앉는다"라고 되어 있는데, 이것은 불완전하지만 '정의'의 방향으로 기술(記述)이 향하고 있다는 점에서는 바르다고 생각한다. 다만 그 정의 속에 '바위', '모래' 같은 다시 '石'을 쓰지 않으면 정의할 수 없는 말을 사용했다는 점이 잘못인 것이다.

필자는 국어사전 속에서 '石'이라는 말을 '정의'할 필요는 없다고 생각한다. 왜냐하면, '정의'란 어떤 말을 배우는 사람이 가능한 한 정확히 체험할 수 있도록 유도하는 것이기 때문에 이미 돌이란 무엇인가를 체험적으로 알고 있는 일본 사람에게는 '石'이라는 말을 '정의'할 의미는 없기 때문이다. 이미 후지산 정상에 올라 있는 사람에게 후지산을 어떻게 오를 수 있는지를 가르치는 것과 같은 것이다.

또 '아프다'를 "아픔을 느끼는 것"이라고 기술한 것의 부적절함은, '石'의 경우와 달리, 단순한 동어반복(同語反覆)에 지나지 않는다는 점에서 전혀 무의미하다고밖에 할 수 없다.

쓸데없음과 불완전함을 인정하고 '아프다'를 억지로 정의한다면, "몸에 침이 찔렸을 때의 느낌"이라든가 "다리가 부러졌을 때의 느낌"이라고 하는 것이 훨씬 나을 것이다. 이러한 의미에서 '떫다'를 "떫은 감을 먹었을 때 혀를 얼얼하게 하는 감각"이라고 한다면 꽤 만족할 수 있을 것이다.

명사보다 동사, 형용사가 정의하기 쉽다

말의 '의미'와 '정의'를 이처럼 생각한 결과, 지금까지 뭔지 모르게 그럴 거라고 생각하고 있던 그 어떤 것이 아주 확실해졌다. 그것은 동사나 형용사 쪽이 소위 말하는 명사보다도 '정의'하기 쉽고, 또한 절대성이 강하다고 하는 점이다.

본래적인 명사로 나타내는 사물이나 대상은 대부분의 경우, 거의 무한에 가까운 측면을 가지고 있다. 예를 들면 식물을 하나 취해 봐도 그것의 분류학상의 성질이나 위치, 형태, 분포를 비롯하여 해가 있는지 없는지, 먹을 수 있는지 어떤지, 먹을 수 있다면 어디를 어떻게 요리하는지, 가격은 어느 정도 하는지 등 인간이 그것과 접하는 수많은 측면과 각도가 있고, 이러한 모든 것이 '정의' 속에 들어갈 가능성을 가지고 있다. 이것은 모든 사람에게 통용될 만한 절대성이 강한 '정의'는 거의 불가능하다는 것을 의미한다.

현재 언어학에서는 말의 지식과 사물의 지식을 구별할 수 있느냐 없느냐 하는 것이 문제시되어 있지만, 필자의 생각으로는 적어도 본래적인 명사에 대해서는 이 구별은 불가능하다고 본다. 왜냐하면 '정의' 자체가 말을 사용하는 사람의 지식과 경험에 직접 의존하여, 이러한 것은 얼마든지 새롭게 바뀔 수 있는 성질이기 때문이다.

이에 비해 동사는 훨씬 객관적인 '정의'가 가능하다. 제1장에서 언급한 몇 개인가의 예가 이것을 나타내고 있다고 생각하지만 하나만 더 새로운 예를 들어 설명하기로 한다.

영어에 wear라는 기본적인 동사가 있다. 이 동사의 사용법을 전통적인 사전 설명방식으로 나타내면, (모자를) 쓰다, (옷을) 입다, (구두를) 신다, (안경을) 쓰다, (반지를) 끼다, (시계를) 차다처럼 몇 개인가의 동사를 나열하게 된다. 머리카락이나 수염을 길게 기르고 있거나, 파마한 것도 다음과 같이 말한다.

He wears his hair long. She wears her hair waved.

또 미소를 띠거나 찡그린 얼굴을 표현할 때도 wears a smile, wear a sour look이라고 말한다. 향수를 뿌리는 것도 wear perfume이라고 한다. 이것을 열거하여 나열식으로 말하면 10여 개의 다른 일본어 동사가 필요하게 된다. 그뿐 아니라 앞에서 설명한 의미범주의 과부족 현상이 나타나게 된다.

그런데 필자는 wear의 이러한 여러 가지 사용법을 통일적으로 해석할 수 있는 시점(視點)은 무엇인가 생각한 결과 모든 사용법이 인체의 표면에 붙어 있는 것과 관계가 있다는 것을 알아차렸다.

의복이나 반지, 향수 등이 몸 표면에 붙어 있는 것은 물론, 머리카락이나 웃음, 표정도 같은 취지에서 생각할 수 있다. 더구나 미소나 머리카락이 a smile, his hair처럼 다른 물질, 예를 들면 a hat, a ring 등과 문법적으로 동등하게 취급되기 때문에, 일본어로 생각하면 부자연스러움은 없으리라고 생각한다.

그런데 예에서 문제가 발생한다. 그것은 어떤 사람의 머리카락이 길다라든가, 파마했다라고 할 때는 wear라는 단어를 쓰는데 "그의 머리카락은 검다" 라고 할 경우는 쓰지 않는다는 것이다. 얼굴에 사마귀가 있을 경우, 이것도 얼굴에 붙어 있지만 wear를 쓰지 않는다는 것이다. 그래서 여러 가지로 생각한 결과, 선택일시성은 사람이 자신의 의지로 무언가를 택하여 그것을 일정기간 몸에 지니고 다닌다는 것을 의미한다고 하겠다.

wear를 정의한다면, 개개의 구체적인 물체나 상태를 완전히 떠나서 아주 추상적 객관적으로 이 동사를 파악할 수 있다. 모자나 옷은 물론 머리카락을 길게 기르거나, 수염을 기르기도, 깎아버리기도 할 수 있는 것이다. 이에 반해 사마귀나 검은머리는 자신의 의지로 선택한 것도 아니고, 또 일시적인 것도 아니기 때문에 이 동사를 쓸 수 없는 것이다.

일본어 사전은 말할 필요도 없고, 영미 사전에도 이러한 추상적인 '정의' 는 나와 있지 않지만, "사람이 자신의 의지로, 무언가를 선택하여 일시적으로 그것을 신체의 표면에 부착시키는 것" 이라는 조건범위에 wear의 거의 모든 사용법이 포함되기 때문에 이것은 꽤 절대적인 '정의' 라고 할 수 있다. 전치사와 같은 사물과 사물의 관계를 나타내는 말도 이러한 '정의' 가 가능하다.

생각해 보니 동사, 형용사 그리고 전치사의 의미연구는 비교적 연구가 이루어지고 있는데, 명사의 의미연구에는 그 자체가 구조적인 관계를 내장(內藏)하는 친족명칭 같은 것 이외는 그다지 주목할 만한 것이 없다. 이것은 명사가 본질적으로 '정의' 하기 어려운 다면적 다가치적(多價値的) 존재인 구체적인 사물에 관계하고 있기 때문인 것 같다.

어떤 종류의 사전에서는 구체적인 사물에 관한 말은 가급적 삽화나 사진을 사용하여 그 이해를 도우려고 하는 것이 있는데, 그것을 말의 의미라고 하면 강한 저항을 느끼는 사람이 많겠지만, 말의 '정의' 라고 생각하면 되는 것이다.

제1장에서 언급한 말을 필요에 의해 충분한 사용조건을 기술함으로써 종래의 사전 차원의 소위 의미의 엄밀성을 높이고, 유효성을 높일 수 있다고 하는 사고는 실은 명사에는 거의 해당되지 않는 것이 된다. 물건(사물)은 말로 완전히 파악할 수 없는 것이다.

V. 사실에 의미를 부여하는 가치에 대하여

일본인은 잔혹한가

지금부터 50여 년 전의 일이다. 전쟁에 진 일본에 주둔해 온 점령군은 모든 정보수단을 통제하고는 일본인이 점령 각지에서 얼마나 잔혹하게 했는지, 일본인은 세계에서 그 유례를 볼 수 없을 정도로 잔혹한 민족이었다는 보도를 계속 흘려보냈다.

일본의 전쟁을 주도했던 사람들이 이치가야(市ヶ谷) 군사법정에서 전범자로 몰려 연합군의 처벌을 받고 있던 때였다. 당시 영어에 뜻을 두고 있었던 필자는 라디오에서 흘러나오는 전범재판의 중계방송을 산 영어교재로 사용하고 있었다. 거기서 외운 atrocity(잔혹

행위), cruelty(잔혹성) 등의 말은 지금도 귀에 생생하다.

일본인의 잔혹성을 문제시한 것은 점령군만이 아니었다. 1억 일본인들 모두가 참회하는 시대였기 때문에 일본인 쪽에서도 '죽음의 행진' 이라든가 '난징대학살' 같은 비인도적인 행위가 계속해서 지탄의 대상이 되었던 것이다.

같은 무렵, 도쿄에 있는 필자의 집 건너편에 영국 대사관의 무관 가족이 살고 있었다. 어느 날, 문 밖에서 강아지의 비명이 들려서 뛰어나가 봤더니 누군가 강아지를 버린 것 같았다. 생후 1개월 정도의 잡종개 4마리가 뒤엉켜 울고 있었다.

웬일인가 하고 필자는 생각했다. 당시는 아직 식량사정이 좋지 않아서 4마리는 너무 많다. 이런저런 생각을 하고 있는데 강아지들은 도랑 속으로 들어가 다시 울기 시작했다. 어쨌든 먹이를 주어야지라고 생각하고 빗자루를 가지고 와서 그들을 끌어내려고 했다. 그때 위쪽에서 고함소리가 났다. 깜짝 놀라 올려 봤더니 앞집의 2층에서 무관의 부인이 무서운 얼굴을 하고 나에게 영어로 외치고 있었다. 겨우 들리는 말이 "지금 당장 개를 못살게 구는 것을 그만두지 않으면 경찰을 부르겠다"라고 하는 것 같았다.

필자는 완전히 겁에 질려 누군가가 개를 버린 것 같은데 먹이를 주려고 하던 참이다라고 겨우 영어로 대답한 기억이 있다. 부인은 그래도 무서운 얼굴을 하고 일본인은 잔혹하다라는 뜻의 말을 길게 하고는 들어갔다.

영국 여성이 일본인의 동물 다루는 모습이 너무 잔혹하다고 해서 대소동을 일으킨 예는 필자가 아는 것만 해도 여러 차례 있었다. 그 한 예는, 도쿄의 어느 교통이 복잡한 네거리에서, 빨리 지나가려고 무거운 짐을 끌고 있는 말을 채찍으로 때린 마부를 보고, 마침 자동차로 지나가던 여성이 차를 세워 놓고 뛰어가 채찍을 뺏고는 그 남자를 때린 예가 있다.

또 영국의 동물애호협회에 소속되어 있는 도쿄 주재의 부인들이 시내 병원에서 동물실험에 사용되는 개가 부당하게 학대를 받는다고 병원을 돌면서 데모를 한 적도 있다.

일본에서는 동물애호협회라고 부드럽게 번역되어 있는 이 협회도 본가(本家) 영국에서는 동물학대방지협회 Society for the Prevention of Cruelty to Animals라고 확실한 명칭을 가지고 있고, 1824년 창립 이래 많은 회원이 끊임없이 감시의 눈을 번뜩이고 있다.

세계의 개 천국으로 불리고 있는 영국으로부터 현재 애완용 동물 붐을 일으키고 있는 일본에 매년 상당수의 애완견이 수입되고 있다. 그런데 일본인은 필요 없게 되거나 귀찮게 되면 개를 버리고 마는데, 이것이 영국 대중 매체에 실리게 되어 개가 불쌍하니까 수출을 중지하자는 의견이 나와 이것이 영국 국회에서 문제가 된 적이 있었다. 확실히 많은 일본인은 필요 없게 된 개나 고양이를 지금도 버린다. 버려진 개, 들개, 들개 사냥 같은 말은 영어로 번역이 불가능하다. 이러한 문제들로 인해서 앞에서 언급한 무관 부인을 비롯한 많은 영국인의 분노를 산 것이다.

그렇다면 그들은 이러한 때 어떻게 하느냐 하면 약으로 죽이든가, 아니면 총으로 쏘아 죽인다. 영국인은 이 방법이 고통을 최소화해서 죽이는 것이니까 가장 합리적인 방법이라고 한다. 동물을 위한 처리법이라고 생각하는 것이다.

그런데 우리들 일본인은 귀여운 개를 자기 손으로 쏘아 죽이는 일 등은 도저히 할 수 없는 짓이고, 독살은 더 말할 필요가 없다. 평소 도와주지도 못했고, 상관하지도 않았던 들개라도, 보건소 직원이 잡으러 오면 못 잡게 방해하거나 도망가게 할 정도이다.

물론 현재와 같은 과밀사회에서는 들개를 방치하거나 개를 버리거나 하면 여러 가지 복잡한 문제가 생긴다는 것은 경험을 통해 충분히 알고 있다. 개를 버린다는 것은 결코 좋은 일은 아니다. 우리들도 개에 대해서는 영국 사람들과 같은 사고를 가지는 것이 현대를 살아가는 데 편리할 것이다.

일본의 개와 서양의 개

그러나 필자가 여기서 생각해 보고자 하는 것은 구체적인 방책의 좋고 나쁨, 즉 현대사회에서 개를 어떻게 키우는 것이 가장 바람직한가 하는 점이 아니라, 필요 없게 된 개를 자신의 손으로 처리하는 것이 좋다는 생각과, 오히려 자신의 눈이 미치지 않는 곳에 가서 버리는 일본인의 심리가 서로 다름을 문제시하고 싶은 것이다.

어차피 죽겠지만 그래도 자신은 손을 대고 싶지 않다. 잘되면 누군가가 주워 갈지도 모른다고 하는 일말의 위안에 가까운 희망을 품으면서 개나 고양이를 버리는 일본인의 행위를 통해서 일본인의 뿌리깊은 동물관, 생물에 대한 기본적인 태도를 생각해 보고자 하는 것이다.

민족이나 문화의 차이에 따라, 잔혹(잔인)이란 말이 얼마나 다른 의미를 가지는가에 대해서 개를 버리는 것과 안락사 시키는 것과의 대비를 통해서 알아보고자 했던 것이다.

그러나 이 장의 궁극적인 목적은 잔혹이란 개념의 비교문화적 고증에 있는 것이 아니라 우리들 일본인이 자신들을 둘러싸고 있는 기본적인 문제를 생각할 경우, 언제부터인지는 모르겠지만 일본인에게는 이질적이고 외래적이며 서구적인 가치관의 기준을 보편적인 척도인 것처럼 착각하여 사용하는 경우가 가끔씩 있다는 것을 하나의 실례를 들어 지적한 것이다.

일본의 근대화, 그리고 서양화라는 일대의 문화 변용이 대량의 인간이동을 동반한 정복이나 이민이라는 문화 변용을 밟지 않고 오로지 '물건과 문헌' 이라는 인간의 직접적 접촉을 가능한 한 배제한 아주 예외적인 형태로 이루어져 왔기 때문에 말에 의존한 외래문화 수용 문제는 언어학이 피해 갈 수 없는 중요한 문제이다.

다시 본 문제로 되돌아가기로 한다. 영국인이 개를 좋아하는 것은 세상에 잘 알려진 사실이다.

1972년 5월 8일자 『아사히신문(朝日新聞)』은 "동물애호의 '본가' 영국, 개 피해 속출로 여론 분분"이라는 런던에서 온 통신을 싣고 있었다.

런던에서 4살 난 남자아이가 정신없이 놀다가 다른 사람 집 담을 넘어 들어갔는데, 2마리의 개한테 물려서 중상을 입었다고 한다.

개는 달려온 경찰과 양친에 의해 죽었지만, 이 피해자 아이집에 병문안은커녕 협박장이 날아들었다. 경관이 개를 사살한 데 대해서 분개한 '동물애호가' 한테서 온 것으로 짐작되는 편지에는 묘지그림과 함께 "아이는 곧 죽을 것이다. 죽으면 된다. 그 책임은 너희들 부모에게 있다"라고 씌어 있었다. 이 외에도 수십 통의 비난과 야유가 섞인 편지가 배달되었고, 결국 아이의 어머니는 쇼크로 몸져누웠다고 한다.

영국에서는 개 주인이 그 개가 위험하다는 것을 알면서, 부주의하여 다른 사람에게 피해를 준 경우 그 책임을 지게 되어 있다. 그러나 벌금은 그렇게 비싸지 않다. 최고 1파운드라는 것이 지금까지의 관례이다.

그러나 위험하지 않다고 생각하고 있던 개가 갑자기 남을 물 경우에는 책임지지 않아도 된다. 즉 개는 1회에 한해서 인간을 물어도 책임지지 않는다는 오로지 개 본위의 기준인 것이다.

그러나 최근에 같은 사건이 속출하고 있기 때문에 국회에서도 문제시하고 있다는 것이 이 기사의 내용이었다.

더구나 이러한 개 본위로 보이는 법률이 존재하는 것도 영국에서는 개가 일반적으로 잘 훈련되어 있어 사람들에게 폐를 끼치는 일이 거의 없었기 때문이다. 이러한 사실은 영국에 국한된 것이 아니라 유럽 여러 나라에서도 마찬가지이다.

근래 일본의 관광객이 유럽 각지를 많이 찾게 되었는데, 개에 관심이 있는 사람은 모두가 유럽 개의 점잖음에 놀란다. 신문의 투고란에도 그쪽 사람들은 "시민으로서 사회적 책임을 자각해서 다른 사람에게 폐가 되지 않도록 개를 잘 훈련시키고 있다"라는 취지의 의견이 실리곤 했다.

"네덜란드의 개 길들이기"라는 제목의 글이 1971년 5월 18일자 『朝日新聞』에 실렸는데 그 글을 보면 다음과 같다.

> 암스테르담에서 생활하면 개가 전차를 타기도 하는 일본에서는 구경할 수 없는 광경을 보게 됩니다. 개가 아주 대접을 잘 받고 있습니다. 그러나 실은 개 자체가 점잖고, 잘 길들여져 있습니다. 개가 인간의 냄새를 맡는다든지 하는 일은 거의 없습니다. 딱 한 번 전차를 타고 있는 노부인의 손끝을 주저하듯이 냄새 맡는 것을 본 적이 있습니다. 하물며 사람보고 짖는다는 것은 상상도 하지 않는 것 같았습니다. 이러한 개이기 때문에 전차도 탈 수 있는지 모르겠습니다. 영국의 '개'가 일본의 '개'와 다른 것이 아닌가 생각될 정도였습니다만 사실 이것은 인간 쪽의 문제입니다. 대개 다른 사람의 냄새를 맡는다는 것은 대단한 실례입니다. 따라서 사람에게 그러한 짓을 하는 개를 가지고 있는 사람도 잘못된 사람이고 개를 키울 자격이 없는 사람입니다.

이분은 개가 냄새 맡는 것을 아주 싫어하는 사람으로 보이지만,

어쨌든 일본의 개와 비교해 봐서 쇼크를 받았음에는 틀림없을 것이다. 더구나, 이러한 개의 행실 바름을 개 주인의 자격, 즉 인간성 문제에 귀착시킨 것 같은데, 필자가 뒤에서 언급하고자 하는 점도 바로 이러한 것이다.

"유럽에서는 개가 잘 길들여져 있다. 그것은 유럽인의 높은 품성, 도덕관, 그리고 인간존중의 전통과 관계가 있다"고 한 논지가 얼마나 비약된 것인가 하는 점에 대해 언급하고 싶다.

"서구를 보고 배워라"

일본이 근대화의 표본으로 삼은 서구의 각 나라를 방문한 사람들의 대부분은 지금도 역시 일본과 다르다고 할 것이다. 보는 것, 듣는 것 모든 것을 "과연 유럽이구나" 하는 식으로 보고 있다. 유럽의 잔디는 깨끗하다. 어디를 가든지 공원 같다. 몇 백 년 전에 하수도를 만든 파리 시민은 선견지명과 계획성을 갖추고 있었다. "그런데 일본에서는"이라고 하는 타입의 의견은 거의 현재의 일본인의 마음속 깊이 새겨져 있는 것처럼 생각된다. 객관적이어야 할 학문조차 이러한 경향에서 벗어나지 못하고 있는 것 같다.

유럽의 잔디가 깨끗한 것은 토지의 식물생산성이 낮고, 부풀려 이야기하면 유일하게 자랄 수 있는 잡초가 잔디라는 사실을 완전히 간과하고 있다. 일본은 일년 중 대부분이 아열대 기후이고, 그냥 방치해 두면 엉키고 제멋대로 뻗어 무성해져 정글화해 버릴 정도로 식물생산성이 높기 때문에 잔디 유지를 위해서는 막대한 노력이 필요하게 된다. 유럽의 삼림은 말을 타고 통과할 수 있을 정도로 지면에 식물이 잘 안 자라, 일본의 경우와는 다르다. 유럽과는 완전히 대조적인 풍토인 것이다.

도쿄 올림픽 때 시끄러울 정도로 비난을 받은 것 중에 '신칸센'이 달리는 부근만이라도 밖에 빨래를 널지 말았으면 하는 지적이 있었다. 이유인즉 서양 여러 나라들에서는 볼 수 없는 풍경이 일본에서는 보통으로 행해지고 있는데, 그것이 외국에서 온 손님들에게 볼썽사나울 것이라는 것이었다.

하지만 유럽에서 옥외에 빨래를 널지 않는 이유는, 일년을 통해서 일조량이 많지 않기 때문에 널고 싶어도 널 수 없을 뿐 아니라 널어도 별로 효과가 없기 때문이다. 그래서 빨래를 옥외에 널지 않는다는 문화의 패턴이 북유럽 쪽에서 생겨난 것이다. 또 북구에서는 습도가 가장 높은 계절이 겨울이고, 실내에는 난로 같은 온방시설을 갖추어 놓고 말린다. 가장 중요한 이유는 밖에 널면 얼어버리고 만다. 그 증거로 남유럽 여러 나라에서는 집과 집 사이에 끈을 연결하여 물건을 말리고 사람은 그 밑으로 지나다니는 곳이 많다.

일본에는 강렬한 태양열이 있다. 게다가 여름에는 습도가 높다. 세탁물은 물론 이불에서 다다미에 이르기까지 밖에 너는 것은 충분한 이유가 있고, 또 그럴 필요가 있다는 점을 완전히 간과하고 있다.

파리의 하수도도 선견지명이 있어서 막대한 돈을 들인 것이 아니라 그렇게 하지 않으면 사람이 살 수 없는 죽음의 도시로 변해버리기 때문에 어쩔 수 없이 건설한 것에 지나지 않는다.

또 현재의 유럽 여러 나라에서는 야생 동식물의 보호를 철저히 하고 있다. 우리들 자연보호에 깊은 관심을 가지고 있는 사람으로서는 부러울 정도이다. 그러나 이것도 유럽인의 사회도덕성이 높아서 그런 것이 아니라 오히려 그 역이다.

유럽에서는 근대에 너무나 철저한 자연파괴, 야생동물 박해를 해 왔기 때문에 동식물이 멸종상태에 이르러 위기에 처할 정도였다. 그러한 쓰라린 경험을 통해서 배우고 느낀 것이 오늘날과 같은 단계에 이른 것에 불과하다. 일본에서는 너무나 자연이 풍부하기 때문에 유럽에 뒤지기를 2백 년, 자연파괴가 지금에 와서 문제시되고 있는 것이다.

일본인이 "유럽인의 잘못을 반복하지 말자. 그러한 전철을 밟지 말자" 라는 의미에서 자신들의 현상을 인식한다면 이해가 간다. 그것은 "유럽을 통해 배우자" 라는 것과는 너무나 큰 차이가 있는 것이다.

이야기가 조금 빗나갔으나 개의 문제로 되돌아가기로 한다.

일본과 서양의 동물관

확실히 영국인은 개를 잘 길들인다. 필자의 집 앞에 영국대사관 소속 해군무관의 공관이 있다는 것에 대해서는 앞에서도 말했지만 3년마다 교대하는데, 어느 가족이나 반드시 개를 데리고 왔다. 벌써 7, 8번은 바뀐 것 같은데 오는 개마다 정말로 신통할 정도로 얌전하다. 집 안에서 불필요하게 짖는다든지 왔다갔다 한다든지 하는 것은 말할 것도 없고, 주인과 산보할 때도 정말로 얌전하다. 다른 개와 길에서 만나도 짖기는커녕 가까이 가지도 않는다. 주인 옆에 붙어서 앞을 보고 그냥 묵묵히 걸어가는데 물론 끈과 목걸이 줄도 없다.

이에 비해 일본 개는 부끄러울 정도로 엉망이다. 뛰어 달려들기도 하고 짖기도 한다. 개가 큰 경우는 주인이 개에게 거의 달리듯 끌려가는 경우도 있다. 개를 데리고 나온 일본인들이 좁은 길에서 만났을 때의 행동을 보면 재미있다. 작고 연약한 개를 데리고 나온 사람은 옆길로 빠지거나 되돌아가거나 한다. 여자의 경우는 데리고 있던 작은 개를 끌어안고 빠른 걸음으로 지나가는 일조차 가끔 있다.

영국 사람들의 손에 들어간 개는 세퍼드든, 바셋트든, 테리아, 셋터 등 그 어떠한 개라도 마치 특별한 종류의 개가 아닌가 할 정도로 조용히 주인을 따라 걸어간다. 신기할 정도이다(미국인의 경우는 개 길들이기에 있어서는 일본과 비슷한 것 같다. 집 근처에 개를 키우는 미국인이 살고 있었는데, 세퍼드를 키우고 있는 미국인 집 앞을 개를 데리고 지나갈 때 아주 애를 먹는다).

일본인은 어쨌든 개한테 후하다. 개가 하는 대로 내버려둔다. 영국에서 잘 훈련된 개라도 일본에 와서 2, 3년 정도 일본인이 키우고 나면 완전히 엉망이 되고 만다.

이러한 현저한 차이는 도대체 무엇이 원인일까. 필자 생각으로는 인간과 동물의 상호 위치 매김이 영국인과 일본인에 있어서 완전히 다른 데 그 원인이 있는 것 같다.

일본인은 개, 고양이 그리고 말과 같은 가축을 인간의 완전한 지배 하에 위치하는 것, 인간에게 예속된 존재라고 보지 않는 것이다. 물론 이러한 동물을 돌보고, 먹이를 주고, 이용하기 위해 죽인다고 하는, 겉으로 보기에는 일본과 영국 둘 다 큰 차이는 없는 것 같다. 다만 가축이라는 것이 인간에게 어떠한 위치를 점하는가 하는 점에는 완전히 다르다.

일본인에게 개는 그 자체로 자유로운, 자율적인 존재인 것이다. 일본인의 애완동물, 가축이라는 개념은 이러한 본래적으로는 상호 독립된 주체적인 존재로서의 인간과 개가 교차한 곳에 성립하고 있다. 실제 아주 최근까지 개를 매어 둔다든지 개집에 넣어 둔다든지 하는 습관은 일본에는 없었다. 개는 주위를 제멋대로 돌아다니면서 남은 밥이나 쓰레기를 뒤지는 것이 당연한 것으로 되어 있었다.

부엌문에 나타난 개에게 먹이를 주다 보니 언제인지 모르게 자신의 집개가 되는 경우도 가끔 있다. 같은 개를 두 집에서 서로 자기의 개라고 생각하고 있었던 경우도 있었다. 또 개는 주인도 모르는 사이에 마루 밑에 새끼를 낳는 경우도 있다. 이것도 개 멋대로이다. 그런데 개 주인으로서는 필요 없는 새끼까지 떠맡아 곤란하게 된 것이다. 이러한 경우에 개를 사람들이 많이 다니는 다리 밑 등에 버리는 것이다.

버리는 사람은 필요 없는 개를 자신의 생활권으로부터 멀리 버림으로써 불필요한 것을 떨쳐 버리는 것만이 목적이기 때문에 그 개를 죽이든지 하지는 않는 것이다. 통행하는 사람이 많으면 누군가가 강아지를 필요로 하는 사람이 있어 주워 갈지도 모른다고 생각하는 것이다. 사실 많은 집에서 개를 키우게 되는 동기는 아이들이 주워 왔기 때문에 어쩔 수 없이 키우게 되었다고 하는 경우가 많았다.

영국인은 가축이란 인간이 완전히 지배해야 하는, 가축 그 자신은 자율성을 갖지 못하는 존재라고 생각하고 있다. 인간이 인간을 위해서 이용하는 예속적인 존재이기 때문에 역으로 모든 것을 책임질 책임이 인간에게 있다. 필요 없는 개, 회복이 불가능한 개를 스스로의 손으로 죽이는 것은 사는 것도 죽는 것도 지배자인 인간이 결정해야 한다는 생각에 바탕을 두고 있는 것이다.

그 때문에 일본인처럼 개를 버리거나 하면 인간으로서의 책임을 다하지 못했다고 비난하는 것이다. 따라서 그들에게는 개를 안락사 시키는 것이 바른 방법인 것이다. 한 마디로 말하면, 철저한 인간 중심적 동물관인 것이다. 무엇이 잔혹하고 무엇이 잔혹하지 않은가 하는 것은 인간이 결정하는 것이다. 따라서 일반적으로 유럽인에게 잔혹이라는 개념의 범위는 온혈동물까지인 것이다.

일본에서는 개가 버려진다고 하여 슬퍼하는 영국 부인도 새우를 산 채로 뜨거운 물에 집어넣어 요리하는 것이 가장 맛있다고 하고는 태연해 한다. 또 먹기 위해서가 아니라, 즐기기 위해서 고기를 잡는 것도 잔혹한 짓이 아닌 것이다. 바다에서 큰 청새치와 몇 시간이고 싸우는 것은 멋있는 스포츠인 것이다. 고기가 괴로워할 것이라는 생각은 하지 않는 것이다.

물론 영국인이든 일본인이든 일반적인 사람은 지금 말한 동물관, 생명관을 확실히 의식하고 있는 것은 아니다. 이에 대해서 물으면 여러 가지 이유를 달겠지만, 사람들을 무의식적으로 움직이는 기본적인 가치체계의 틀이 사실은 깊이 감추어져 있는 것이다.

일본의 남극탐험대(觀測隊)가 얼음 속에 빠져 있다가 헬리콥터로 겨우 구출되었을 때, 데리고 갔던 개는 그냥 두고 귀국한 적이 있었다. 이때도 일본은 물론 외국으로부터 상당한 비난을 받았는데, 기억하고 있는 분도 있을 것이다(남극의 생태 파괴를 생각하지 않았다는 비난은 그런 대로 정당한 것이라고 생각하지만, 이 책에서는 그 점에 대해서는 고려하지 않는다).

대원들은 귀여워했던 개들을 단지 죽이지 못했던 것이다. 그 누구도 개들이 그 다음해까지 생존하리라고는 생각하지 않았다. 그래도 죽일 생각은 차마 못했던 것이다. 그런데 어떠했는가. 그 다음해 관측대가 다시 그 기지를 찾아갔을 때, 두 마리가 생존해 있지 않은가. 안 죽이고 가서 다행이었다고 생각했음에 틀림없었을 것이다. 인간 본위, 인간 중심의 가축 시말법과는 다르다. 이 문제에 관한 한 일본인의 동물처리법이 승리한 것이다. 적어도 개의 행복을 중심으로 생각한다면 말이다.

앞에서 일본인이 개를 길들여, 마음대로 복종시키는 것이 영국인에 비해 얼마나 서투른가 하는 것에 대해서 상세하게 예증했는데, 이렇게 보면 일본인은 원래 개를 끝까지 지배할 생각이 없는 것이다. 지배하여 완전히 인간에게 예속시켜야 한다고 생각하고 있지 않기 때문에 지배하려고 하지 않을 뿐이다. 바꾸어 말하면, 개에게 알아듣도록 한다는 것은 원래 무리라고 생각하고 있는 것이다.

일본인에게도 이왕에 개를 키우는 마당에, 개가 주인 말을 잘 듣고 따르는 것이 좋다는 것은 당연한 일이다. 그러나 이것은 인간의 희망사항이고 기대이지, 그렇게 하는 것이 주인으로서 인간의 개에 대한 의무요, 책임이라고 우리들은 생각지 않는다. 하물며 그렇게 개를 길들이는 것이 개의 행복과 통한다고 하는, 개 입장에서는 어떤 의미로는 폐가 되는 인간 본위의 입장은 원래 일본인에게는 상관없는 것이었다.

물론 어떤 문화, 어떤 민족에게도 고유한 동물관이란 고정적, 결정적인 것이 아니고, 또 내용도 단순명쾌한 것이 아니다. 영국인이 개를 완벽에 가까울 정도로 길을 들이는 이유의 하나는 옛날부터

목축문화를 많이 소유하고 있었기 때문에, 가축을 다스리는 데 익숙해질 필요가 있었던 것이다. 그래서 개에게 그것을 가르칠 필요가 있었던 것이다. 또 기후 풍토 관계로 개와 사람이 폐쇄적인 공간(집), 한 지붕 밑에서 살아야 할 필요성 때문에, 엄하게 길들이지 않으면 인간생활이 엉망이 될 우려가 있었다.

이에 비해 일본의 경우는 가축문화도 가지지 못했고, 집도 개방적이고 고온 다습하여 개와 같이 동거하는 것은 필요하지도 않았고, 생각하지도 않았다. 따라서 인간과 개가 좁은 공간을 공유하면서 생기는 공존의 패턴이 만들어지기 어려웠던 것이다.

또 종교적인 이유도 큰 구실을 했음에 틀림없다. 잘 아는 바처럼 기독교는 동물의 혼을 인정하지 않는다. 일본의 고래(古來)종교는 애니미즘이나 샤머니즘적인 요소가 강하고 거기에 불교의 윤회사상도 가미되어 있다.

이러한 피아(彼我)의 세계관의 차이는 한 마디로 말하면 단절사상과 연속사상의 대비이다. 전자의 입장에서 보면 인간의 우위는 결정적이고, 후자의 입장에서 보면 상대적인 것이다.

영국인에게 잔혹이란 인간 중심을 원점으로 한 입장에서, 각각의 동물에게 그들이 부여한 역할에 어울리지 않게 다루었을 경우에 생기는 개념인 것 같다. 일본인 경우에 잔혹이란 무익무용의 살생과 연관된 개념일 것이다.

가치체계를 무시한 개념의 수입

필자가 언어학자이고, 철학이나 종교에 밝지 못하면서도 이상과 같은 문제를 취급한 것도 말에 의미를 주는 가치체계의 차이를 무시하고, 단지 서구문명, 서양문화의 틀 내에서 유효성을 가지는 각종 개념을 일본어로 직역하여 아주 안이한 형태로 그들의 우위를 논하는 태도가 아직까지 남아 있는 데 대한 불만의 표출일 뿐이다. 아주 오랫동안, 깊이 있게 유럽을 연구한 일본인일수록 외국말은 사전과 문법책만 있으면 알 수 있다고 생각하는 경향이 있는데 이것은 큰 잘못이다. "cruelty는 '殘酷' 이라는 의미이다" 식의 지식은 (그렇게 공부하는 것은) 백해무익한 것이라고 해도 과언이 아니다.

잔혹이란 개념에 관해서 언급하면서 개에 한해서만 말하면 너무 견해가 치우쳤다고 할 수 있기 때문에 이번에는 말에 관해서 생각해 보기로 하자. 말(馬)은 현재 도시에서는 그 모습을 찾아보기 어려워졌다. 그래서 스포츠로서의 승마, 관광지에 있는 대마(貸馬), 그리고 나날이 인기를 끌고 있는 경마 등에서 말은 일본인에게 친근한 동물임에는 틀림없다.

좀 나이가 있는 사람이라면 밭갈이용 말, 짐수레를 끄는 말, 군대의 말, 그리고 옛날의 마차 등을 통하여 말과 인연이 많았을 거라고 생각한다.

이처럼 말과의 다양한 접촉경험이 있는 보통의 일본인이 영국을 방문했다고 해도 그때까지 가지고 있던 말과 인간의 접촉 형태에 대한 기본적인 개념이 밑뿌리부터 무너지는 일은 없을 것이다.

승마가 일본보다는 훨씬 중요한 스포츠이구나 하는 것을 알게 되거나 본토의 '경마' (Derby)를 둘러싼 여러 가지 식견을 넓히거나 할 것이다. 그러나 영국인과 일본인의 말에 대한 태도, 사고의 근본적인 차이에 대해 알게 되었다고 하는 일본인은 적을 것이다. 일본에 마차가 있으면 영국에도 있다. 일본에서 말을 농사짓는 데 사용하면 영국에서도 사용한다. 이처럼 대응하는 점이 많기 때문이다. 만약 영국에 체재하고 있는 어떤 일본인이 어느 추운 겨울날 말고기 요리로 친구와 한 잔 하려고 생각했다고 하자. 일본에서 말고기는 고기 색깔이 빨갛다고 하여 '사쿠라 고기' 라고 부른다. 비교적 값도 싸고, 먹으면 몸이 따뜻해진다고 일반적으로 믿고 있다. 소시지나 눌린 햄에 섞는 것은 물론이고 싼 쇠고기 속에는 대부분 말고기가 섞여 있는 경우도 있다고 한다.

그러니까 일본인이 런던에서 말고기를 먹으려고 시도하는 것은 당연할지도 모른다. 그런데 가까운 정육점에 가서, "말고기 주세요" 라고 하면 어떻게 될까. 아마 정육점 주인은 화가 난 얼굴을 하고 그런 것은 없다고 하든지, 팔지 않는다고 하든지 할 것이다. 왜 그럴까.

놀랍게도 영국에서는 말고기는 사람이 먹는 고기 중에 포함되지 않는 것이다. 그리고 말고기를 보통의 정육점(butcher)에서 팔아

서는 안 된다고 하는 규칙이 정해져 있는 것이다.[1)]

현재의 영국인은 개와 마찬가지로 말도 인간의 친구로 생각하고 있는 것 같다. 말고기를 먹는다고 하는 것은 거의 인간을 먹는(cannibalism)것과 같은 혐오감을 일으키게 하는 것이다.

그 때문에 일본인이 만약 '말고기 주세요' 라고 한다면 '별 미친 놈 다 보겠다' 고 생각하든가, 아니면 일본인이란 얼마나 잔혹한 인종인가 하고 생각할 위험성이 있다.

일본인과 영국인에게 사회생활상이나 그 이용법 등에 그다지 차이가 있을 것 같지 않은 말(馬)이, 감정적 영역에서는 그 가치가 완전히 다른 것이다. 필자는 영국을 여행한 적이 있는 사람이나 체재한 경험이 있는 사람들에게 말고기에 관한 영국 사람들의 견해에 대해서 물어보았지만, 그 어느 누구도 지금 언급한 것을 알고 있는 사람이 없었다. 이를 통해서도 새삼 '숨겨진 문화' 를 찾아낸다는 것이 얼마나 어려운가 하는 것을 깨닫게 된다.

외국에 관한 것은, 외국에 가서 알게 되는 것이 많은 것은 사실이다. 그러나 단지 그곳에 가 보았다고 해서, 그곳에 오래 살았다고 해서 반드시 알게 되는 것은 아니다. 그러한 것이 '보이지 않는 문화' 인 것이다. 보는 쪽 사람 자신에게 자신의 문화를 원점에서 다시 생각하는 문제의식이 없으면 실로 많은 것이 그곳에 있어도

---

1) Leach, Edmund, "Animal Categories and Verbal," in *New Directions in the Study of Language*, ed. by E. Lenneberg, Cambridge, Mass, 1996.

보이지 않는 것이다.

순수 자연과학적인 개념은 별도로 하고, 사회과학이나 인문과학 분야에서 사용하는 개념의 대부분은 특정 사회나 문화에 나타나는 각종의 사실이나 현상에 근거하여 개념화되어 형식화된 것이다. 이러한 의미에서는 다분히 경험적인 성격을 가지고 있는 것이라고 말할 수 있다.

우리들 일본의 학자, 그리고 지식인이 사용하는 이 분야의 개념은 많든 적든 서구에서 유래된 것이 많다는 것은 부정할 수 없는 사실이다. 따라서 이러한 개념은 그 가치의 근거를 서구적 현실에 두고 있는 것이기 때문에, 개념 그 자체가 객관적으로 독립된 존재로서 바로 보편적인 가치를 나타내는 것은 아니다.

그럼에도 불구하고 적어도 필자가 보는 견지에서는 이러한 서구 기원의 여러 개념을 언제부터인가 보편적인 척도의 성격을 띠는 것으로 보는 견해가 적지 않은 것 같다. 그 이유는 이미 여러 곳에서 반복하여 역설한 것처럼 말에 대한 본질적인 이해가 불충분하기 때문이라고 생각하지 아니할 수 없다.

말을 빙산에 비교해 보자. 빙산은 수면에 나타나 있는 부분이 전체의 약 1/7이라고 한다. 6/7은 물 속에 있어서 보이지 않는 것이다. 말에 의해 개념화되는 현실의 부분은 바로 수면 위에 나타나 있는 부분이라고 할 수 있다. 그런데 어떤 개념을 스스로 만들어 낸 사람들에게는 이 나타난 부분이 수면 밑에 숨어 있는 부분의 상부구조라는 것이 말하자면 암묵(暗默)의 전제인 것이다. 이 보이지 않는 부분은 명시적인 부분으로서의 개념에 고유의 가치를 부여하는 기반이라고 생각해도 좋다.

수면 위에 보이는 부분이 거의 비슷한 두 개의 빙산이 있어도, 수면 아래의 보이지 않는 부분의 형태도 비슷하다고는 할 수 없다는 사실은 쉽게 이해할 수 있을 것이다.

서구의 사회 · 문화적 현실에 근거한 개념을 말로써 일본어의 기존의 개념에 끼워 맞추거나 새롭게 일본어로 만들어 내거나 하는 경우에 가끔 나타나는 것은 이 명시적인 부분만의 대응 관계인 것이다. 우리들에게는 상대방의 개념의 수면 아래 부분이 보이지 않을 뿐 아니라 우리들의 개념의 수면 아래 상태도 의식화하지 못하는 것이 보통이기 때문이다.

따라서 이러한 대비에 근거한 개념을 조작하여 일본적 현실에 적용할 경우, 당연히 그곳에는 과부족이 생기고 마는 것이다.

일본어를 잴 척도는 일본어 그 자체

추상적인 논의는 이 정도로 해 두고 다시 언어학 분야에 눈을 돌려 보자. 여기서는 지금 필자가 언급한 것과 같은, 일본적 현실에 맞지 않는 이질(異質)적 개념조작에 근거한 발언이나 연구가 여러 곳에서 보인다고 확실히 말할 수 있다. 그리스 신화에 나오는 프로크루스테스의 침대 이야기, 즉 침대 크기에 맞춰서 강제로 사람의 다리를 자르거나 늘리거나 하는 것과 같은 것이다.

문자 문제,[2] 음운 문제,[3] 문법 문제 어느것을 보더라도 종래의 서구어 그대로를 잣대로 해서는 곤란한 것이 여러 가지 있다. 그것을 말하는 데 부족하다고 해서 일본어는 불편하다, 비논리적이다라고 말한 적이 얼마나 많은가. 필자는 이러한 일본인의 정신구조를 '잘못된 대상에 대한 자기동화현상' 이라고 부른 적이 있다.[4]

필자의 생각으로는 일본어를, 그리고 일본적 현실을 재는 척도는 일본어 그 자체, 일본적 현실 그 자체에서 찾아야 한다고 생각한다. 만약 서구적인 척도와 대비시켜 보편화를 꾀한다면 그것은 양자를 포함하여 같이 설명할 수 있는 한층 더 높은 차원에서만 가능하다. 서구의 척도를 유용(流用)하여 안이한 보편화가 가능할 리 없다고 생각하고 있다.

이 장에서 논한 사고의 한 실천 예로서, 다음 장에서 '사람을 가리키는 말' 에 관한 문제를 중심으로 과거 수년간에 걸쳐 필자가 연구한 것을 대략 소개하고자 한다.

---

2) Suzuki, Takao, *A Semantic Analysis of Present-day Japanese, with Particular Reference to the Role of Chinese Characters*, Keio University, 1963, Tokyo.

3) 鈴木孝夫, 「음운교체와 의미분화 관계에 대해서 소위 청탁의 대립을 중심으로」, 『言語研究』 제42호, 일본어학회, 1963년, 도쿄.

4) 鈴木孝夫, 「일본인과 일본어」, 『言語』 제2권 제1호, 大修館, 1973年, 東京.

VI. 사람을 가리키는 말

1. 자기 자신과 상대방을 어떻게 부를까

우리들이 말을 사용하여 대화를 할 때, 반드시 해야 하는 것이 있다. 그것은, 누가 누구에게 이야기를 하고 있는가 하는 점을 확실히 해야 한다는 것이다.

예를 들면 영어를 모국어로 하는 사람들에게 "당신들의 경우는 화자가 자기 자신을 칭할 때 어떤 말을 사용합니까?" 하고 물으면 틀림없이 'I' 라든지 'me' 라고 대답할 것이다. 프랑스 사람들에게 물으면 'je' 라든가 'moi' 라고 답할 것이다.

그렇다면 상대방을 가리킬 경우는 어떠한가 하고 물으면, 영어라면 'you', 프랑스어로는 'tu', 그리고 공손한 표현의 'vous' 등을 쓴다고 가르쳐 줄 것이다.

이처럼 유럽의 여러 나라 언어에서는 이야기하는 사람(話者)과 이야기를 듣는 상대(廳者)를 가리키는 말에 관한 구조는 대동소이하다. 인칭대명사라는 이름으로 불리는 아주 한정된 수의 말로 구성되어 있다. 서구어의 문법에서 일인칭 대명사란 화자를 가리키는 말, 이인칭 대명사란 상대를 가리키는 말이라는 도식(圖式)이 지금까지 널리 통용되고 있는 것도, 여기에 언급한 언어상의 사실이 뒷받침되고 있기 때문이다.

메이지 초기에, 근대 일본문법의 선구자들이, 이러한 서구어 문법용어를 따라, 일본어의 'わたくし'(저) 'ぼく'(나) 'おれ'(이몸)… 같은 말을 일인칭 대명사라고 이름짓고, 'あなた'(당신), 'きみ'(너), 'きさま'(이 자식 · 이놈)… 라는 일련의 단어를 이인칭 대명사라고 부르게 된 것도, 당시의 언어학의 발달단계를 생각하면 무리는 아니라고 생각한다. 그래서 일본어의 일, 이인칭 대명사는 수가 많고, 사용법이 불편하다든가, 일본어에는 삼인칭 대명사가 발달되지 못했다 등의 언급이 아직까지 일본문법 책에 나와 있는 것도, 이 서구어 문법을 바탕으로 한 견해가 계속되기 때문이다.

그런데 필자는 수년간, 일본어의 'わたくし', 'あなた'나 'ぼく', 'きみ' 등을 인칭대명사라고 하는 것은, 일본어와 많은 점에서 구조가 다른 여러 언어 연구에서 비롯된 설명원리를 무비판적으로

받아들인 결과이며, 일본어가 가지고 있는 언어적 특징, 사실과는 다르다는 주장을 여러 곳에서 해 왔었다.[1)]

자신을 무엇이라고 부를까

확실히 영어에서는, 예외적인 경우를 제외하고는, 남과 이야기할 때 자기 자신을 'I' 라고 하고, 상대방을 'You' 라고 한다.[2)] 그런데 일본어에서는 사정이 완전히 다르다.

예를 들면 현재 일본어에서는, 아버지가 집에서 아이와 이야기를 할 때, 자신을 '아버지' 또는 '파파' 라고 하는 경우가 아주 많다. "아버지가 하는 말 잘 들어라" 라고 하지 "내가 하는 말을 잘 들어라" 라고 하지 않는다. 조카나 질녀가 오면, 이번에는 자신을 '삼촌' 이라고 한다. "크리스마스에는 삼촌이 자전거를 사 주마" 라는 식이다. 또 할아버지나 할머니는 손자에게, 때로는 자식이나 며느리에게도 자기 자신을 '할아버지', '할머니' 라고 한다. "할아

1) 鈴木孝夫,「언어와 사회」,『岩波講座哲學』 제11권 제9장, 岩波書店, 1968. 鈴木孝夫,「일본어의 자칭사」 *Energy* 제17호, Esso Standard 石油株式會社, 1968. 鈴木孝夫,「자신 및 상대를 나타내는 말 언어사회학의 과제」,『學術月報』 제23권 제12호, 일본학술진흥회, 1971.

2) 鈴木孝夫,「친족명칭에 의한 영어의 자기표현과 호칭 문학작품에 나타난 용례를 중심으로 하는 예비조사」,『慶應義塾대학 언어문화연구소 기요』 제1호, 1970.

버지 어깨 좀 주물러 주지 않으련?" 이라고 말한다.

초등학교 선생은 학생들에게 "자, 선생님 잘 봐요" 라고 하고, 의사나 간호사는, 어린이 환자들에게 자신들을 '의사 선생님', '간호사 언니' 라고 직업명으로 말하기조차 한다. 또 여자아이의 경우 많이 보이는 예이지만, 자신을 '나는' 이라고 하지 않고, 자신의 이름을 이용한다. "유미는 이거 싫어!" 하는 식이다.

상대방을 무엇이라고 부를까

말하는 상대방을 지칭하는 말도 언제나 '당신', '자네' 와 같은 인칭 대명사가 사용된다고는 할 수 없다. 실제로 조사해 보니까 인칭대명사를 사용하는 경우는, 오히려 극히 한정되어 있다는 것을 알 수 있었다.

예를 들면 부모나, 형, 누나 등과 같은 손윗사람들에게 '너' 와 같은 대명사를 쓰는 사람은 아마 없을 것이다. 학교 선생, 회사 상사와 이야기할 때 선생님, 과장님이라고 하지 인칭대명사를 쓰지 않을 것이다. 일반적으로 'あなた' 는 'きみ', 'おまえ', 'きさま' 등과 비교하여 경어라고는 할 수 없지만 품위 있는 말이라고 하면서도, 실제로는 손윗사람에게 쓰기 어려운 말인 것이다. 나중에 상세하게 설명하겠지만, 현재 일본어에는 손윗사람에게 사용할 인칭대명사는 없다고 해도 과언이 아니다. 'あなた様' 같은 말은 단

순하게 손윗사람을 지칭한다고 하기보다는 그 사람과 별로 친분이 없는 타인을 존중해서 멀리하고자 하는 뜻이 내포된 말이어서 손윗사람이라고 확실히 구체적으로 알 수 있는 상대에게는 쓸 수 없다. 그렇다면 대명사 대신에 우리들은 도대체 어떠한 말로 상대방을 지칭하는 것일까?

자신을 가리킬 때와 같이, 이 경우에도 친족 관계를 나타내는 말이 많이 사용되고 있다. '아버지', '어머니'를 비롯하여 '아저씨', '아주머니', '형님' 등의 말이 대명사 대신에 사용된다. 또한 이것은 실제로는 친족 관계가 아닌 타인에 대해서도, 자주 사용되기도 한다. 이에 대해서는 뒤에 상세히 설명하기로 한다.

선생님, 의사 선생님, 간호사 언니와 같은 직업명도 상대방을 언급하는 말로 사용되는 점은 화자가 자신을 가리키는 경우와 마찬가지인데, 이 방법은 넓게는 거의 모든 직업명을 대칭사화[3] 할 수가 있다. 상대방의 직업을 아는 경우는, 가겟집 아저씨, 빵집 아저씨, 중국집 아저씨 등으로 불러, 인칭대명사는 사용하지 않고도 상대방을 언급할 수 있는 것이다. 접객업소에서는 손님이라는 말을 사용하고 있다.

요컨대 현대 일본어에서는 유럽어와 비교하여 그 수가 많다고 하는 일인칭, 이인칭 대명사는 실제로는 그다지 사용하지 않고, 오히려 가능한 한 이것을 피하여 다른 말을 사용하려고 하는 경향이

---

3) 대칭사란, 이야기 상대를 칭하는 말이라고 해석해도 좋다. 다음의 주 4)를 참조.

있다. 이것과 비교해 보니 수가 적은 인칭대명사가, 그것도 입만 벌렸다 하면 반복해서 튀어나오는 유럽의 언어는 일본어와 현저히 성격이 다르다고 할 수 있다.

만약 화자가 자신을 칭하는 말이 일인칭이고, 상대방을 지칭하는 말이 이인칭이라고 하는 서구식 사고를 그대로 일본어에 갖다 붙인다면, 일본어의 경우는 대부분의 친족명칭, 지위명칭, 그리고 수많은 직업명 등이 모두 인칭 대명사가 되는 이상한 결과를 초래하게 된다.

이상의 사실만으로도 'わたし', 'おれ' 나 'あなた', 'おまえ' 등을 인칭대명사라고 부르는 것이 일본어의 특징에서 벗어난, 이질적인 문법개념을 그대로 받아들인 것에 지나지 않는다는 것을 알 수 있다.

이처럼, 일본어의 이른바 좁은 의미에서의 인칭 대명사는, 형태론적으로도 기능적으로도 독립구성되지 않은 이상, 이것만을 따로 떼어내어 쓰는 것은 의미가 없고, 오히려 친족명칭, 지위명칭 등을 포함시켜 일괄하여, 화자가 자신을 나타내는 말 및 상대방을 지칭하는 말을 각각 자칭사(自稱詞), 대칭사(對稱詞)로 부르는 것이 적절하다고 생각한다. 이야기 중에 등장하는 제3자는 타칭사(他稱詞)로 부르는 것이 적절하다고 생각하고 있다. 이야기 중에 등장하는 제삼자는 타칭사가 되는 것이다.[4)]

---

4) 자칭, 대칭, 타칭이라는 용어는 일문법에는 옛날부터 사용하고 있었다. 그

그래서 대인 관계에서 자칭사, 대칭사(및 타칭사)의 문제를, 일반적인 말로 한다면, "어떤 특정한 언어사회에서, 어떠한 상황에, 사람들은 자기 자신 및 상대방을 어떤 말로 부르는가"에 대해서 실증적으로 연구하여, 거기에 작용하고 있는 언어사회학적인 법칙성을 밝힐 수 있는 것이다. 이하에서는 이러한 관점에서 현대일본어를 중심으로 서술하기로 한다. 그러나 서술하기 전에 분석의 출발점을 확실히 하기 위해서, 유럽의 여러 언어에서 인칭대명사란 어떠한 특질을 가진 어휘인가, 그 역사적인 배경 등에 대해 아주 간단히 설명하고자 한다.

2. 유럽어 인칭대명사의 역사적 배경

유럽의 언어는 형제 관계

지금까지 유럽어 또는 서구어라고 대강 불러온 여러 언어는, 언어학적으로는 인도·유럽어족이라고 불리는 언어집단을 말하는

러나 거의 대부분의 경우, 이것은 일인칭, 이인칭, 삼인칭의 별칭이었다. 필자가 여기서 말하는 것 같은 넓은 의미의 것은 아니다.

데, 아주 먼 옛날에는 하나의 언어였다고 생각된다. 여러 이유로 시대와 함께 분화하여, 현재에는 우리들에게 친숙한 영, 독, 불을 비롯하여, 북구 여러 언어(단, 핀란드어는 별도)나 슬라브어, 그리스어, 페르시아어 그리고 인도 언어의 일부를 포함하는 넓은 지역에 분포하는 하나의 커다란 어족(語族)을 이루게 되었다.

일찍이 그 기원을 공유하고 있었기 때문에 지금도 이러한 여러 언어에는 공통되는 단어나 표현이 수없이 보인다. 예를 들면, 어머니를 나타내는 말은 상호 아주 비슷한 형태를 취하고 있다. 영어에서는 'mother', 독일어로는 'mutter', 프랑스어는 'mere', 스페인어는 'madre', 심지어 러시아어로는 'mat' 라고 하는데 누가 봐도 비슷하다는 것을 쉽게 알 수 있다.

또 현재로는 그냥 언뜻 봐서는 서로 대응 관계가 없는 것처럼 보이는 말도 옛날 문헌이나 자료를 거슬러 올라가 조사해 보면 이전에는 서로 비슷한 형태를 취하고 있었던 동일 기원(起源)이라는 것을 알 수 있다.

예를 들면, 게르만 계통에 속하는 언어의 하나인 영어로는 아버지를 나타내는 단어가 'father' 이고, 독일어로는 'vater' 이다. 이 둘은 어느쪽이나 발음이 f음으로 시작되어 형태적으로 유사하기 때문에 기원이 같다는 것을 비교적 쉽게 알 수 있다. 그런데 같은 인도 · 유럽어족의 다른 계통, 예를 들면 로망스어(라틴어 계통 언어의 총칭) 계통의 언어인 프랑스어와 스페인어로 '아버지' 는 각각 'pere' 와 'padre' 이다. 사람들은 이 p로 시작되는 두 개의 말이 공통의 기원을 가진다고 인정하는 데는 별 저항이 없겠지만, 앞의 게르만 계통의 f로 시작되는 아버지라는 단어와 이 로망스어 계통의 p로 시작되는 아버지라는 단어가 같은 계통의 언어라고 한다면, 좀 의아해 할지도 모른다.

그러나 비교언어학이라고 부르는 학문의 수법을 이용해, 이 두 개의 그룹에 속하는 제 언어의 현존하는 옛날 자료를 자세히 검토해 보면 게르만계통의 언어에서는 아주 먼 옛날, 말의 처음에 오는 p음이 하나같이 f음으로 변했다는 사실을 추론할 수 있었다. 프랑스어나 스페인어의 p로 시작되는 '아버지' 라는 단어는, 모두 라틴어의 'peter' 에서 유래한다. 이 'peter' 와 옛 게르만어의 아버지를 나타내는 말은 결국 아주 가까운 형태를 취하고 있었다는 것을 알 수 있다.

같은 방법으로 영어의 물고기 'fish' 와 독일어의 'Fisch' 가, 또 프랑스어의 'poisson' , 스페인어의 'pez' 에 해당한다는 것도 알려져 있다.

이상 아주 간단히 유럽의 대부분의 언어가 공통의 기원을 가지며, 현재도 형태적으로나, 의미상으로 상호 대응하고 있다는 것을 여러 곳에서 찾아보았다. 실례를 들어 설명했지만 실은 인칭대명사에 대해서도 이와 똑같은 것을 말할 수 있다.

동일성의 연속

예를 들면 현재 영어에서, 'わたくし' 를 의미하는 말은, 말할 필요도 없이 'I' 이다. 이것은 독일어로는 'ich' 라고 하고, 네덜란드어로는 'ik' 라고 한다. 이 삼자 사이에는 명확한 공통성이 없는 것처럼 보이지만, 실은 그렇지 않다. 영어의 'I' 는 근세에서는 소문자 'i' 로 쓰고, 발음은 [ai]가 아니라 [i:]이었다. 더 옛날로 거슬러 올라가면 중세에서는 [it ʃ] 또는 [i ʃ]처럼 어미에 자음이 부가되어 있었다는 것을 알 수 있다. 그리고 이 말은 영어의 최고 문헌자료인 고대 영어에서는 'ic' 라고 썼고, 발음은 [ik]에 가까운 것이었다.

이러한 사실에서 영어의 'I' 가 독일어나 네덜란드어의 일인칭 대명사와 기원을 같이한다고 하는 데 의심의 여지가 없게 된다. 따라서 이러한 (소위) 게르만 계통 언어의 일인칭 대명사는, 아주 오랜 옛날에는 아마 'ik' 에 가까운 것이었다고 생각된다.

한편 다시 로망스어(Romance languages)에 대해서 살펴보면, 현재 일본어의 'わたくし' 는 프랑스어로는 'je' 이고, 스페인어로는 'yo' , 이탈리아어로는 'io' 이다. 이것은 라틴어의, 'ego' 가 각각 붕괴된 것이라는 것을 알 수 있다. 그리고 이 라틴어의 'ego' 는, 그리스어의 'ego' 와 같이, 앞에서 언급한 고대 게르만어의 추정형 'ik' 와 합류하고, 그 외의 어족(語族)의 자료 등을 같이 참조해서 생각해 보면, 인도 · 유럽 제 언어의 가장 오랜 단계의 일인칭이 거의 'ego' 에 가까운 요소를 가지는 말이었다는 것을 알 수 있었다.

그런데 필자가 인도 · 유럽 제 언어의 일인칭 대명사에 대해서 말하고 싶은 것은 현재 서구에서 여러 언어에 나타나 있는 일인칭 대명사는 모두 형태적으로 다른 것이 쓰이는 것 같지만, 실은 이 것 모두가 동일한 기원을 가지고 있다는 점이다. 더구나 이러한 언뜻 보기에 단순한 사실이 실은 경탄할 만한 것이라고 말하고 싶다. 왜냐하면 인도 · 유럽 계통의 언어에 있어서 일인칭 대명사는 동일한 말이 몇 천년에 걸쳐 일관되게 계속 사용되어 왔다는 것을 의미하기 때문이다. 바꾸어 말하면 서구어에서는 마치 갓난아기가 소년이 되고 어른이 되면서 형상은 상당히 바뀌지만 인물의 동일성은 불변인 것과 같이, 일인칭 대명사로서의 동일성(identity)은 유사 이래 변하지 않았기 때문이다.

이 점은 지금까지 그다지 주목받지 못했다고 생각되지만, 뒤에 상세히 언급하는 일본어의 경우와 비교하면 정말 대조적인 차이를 나타내는 것이다.

일인칭 대명사와는 달리 인도 · 유럽 제 언어의 이인칭 대명사의 역사는 좀 복잡한 편이다. 그러나 간략하게 말하면 'tu' 에 가까운 말이 가장 오래된 것 같다. 그리고 이것은 현재의 로망어 계통의 여러 언어에는 거의 그대로의 형태가 남아 있다. 예를 들면 프랑스어, 이탈리아어의 'tu' 가 그것이다. 그 외 러시아어에도 'tui' 가 있고, 독일어의 'du' 도 어두의 자음이 유성화(탁음화)한 것에 지나지 않는다. 이 옛 형태는 영어에서도 지금은 폐어(廢語)가 된 'thou' 의 형태로 최근까지 잔존해 있었던 것이다.

현대의 서구 여러 언어에 이인칭 대명사로 'tu' 계통 이외의 것도 부가되어 다소 사정이 복잡하게 된 것은 사실이지만, 그래도 'tu' 계통의 언어가 남아 있다는 사실만을 본다면 일인칭의 경우와 같이 말의 동일성이 몇 천년이고 면면히 이어지고 있다고 할 수 있다.

3. 일본어 인칭대명사의 역사적 배경

인칭대명사의 변천

유럽 여러 언어의 일인칭, 이인칭 대명사가 수천 년의 역사를 가지고 있는 데 비해, 일본어의 인칭대명사의 역사가 짧다는 것은 너무나 대조적이다. 현대 표준 일본어의 소위 일인칭 대명사인 'わたくし', 'ぼく' 등은 고대 일본어로 거슬러 올라갈 수 없을 뿐 아니라, 구어(口語)로서의 'ぼく'의 경우는 그 사용 역사가 겨우 100년 정도밖에 되지 않는 신참자에 지나지 않는다. 상대방을 나타내는 'きみ', 'おまえ', 'あなた', 'きさま' 등도 인칭대명사로 사용된 역사가 고대로까지 거슬러 올라갈 수가 없다.

일본의 경우 유사 이래 자신을 칭하는 대명사와 상대방을 지칭하는 대명사는 계속해서 끊임없이 교체되어 왔다. 더구나 주의해야 하는 것은 새롭게 대명사로 사용되게 된 말은 원래는 무엇인가 구체적인 의미를 가진 실질사(實質詞)였는데 그것의 전용(轉用)이라는 점이다.

지금 표준어로서 자신을 가리키는 말인 'わたくし'나 'ぼく', 상대방을 지칭하는 말인 'きみ', 'きさま' 등이 그러한 예이다. 또 'あなた', 'おまえ', 'こちら'(이쪽 분), 'どなた'(어느 분 · 누구)라는 사람을 가리키는 말도, 원래는 장소나 방향을 나타내는 지시대명사였다. 그 지시대명사가 전용되어 간접적으로 그 장소에 있는 사람을 나타내는 일종의 암시적이고 우회(迂言)적인 용법인 것이다.

앞에서 본 인도 · 유럽어 예를 들면 라틴어의 'ego'나 'tu', 영어의 'I'나 'you' 등이, 그 기원을 거슬러 올라가도 처음부터 화자 및 상대방을 의미하는 전용어였던 점과 비교하면 큰 차이이다.

이러한 인칭대명사의 역사적 교체 문제에 대해서 처음으로 자세히 논한 사람은 사쿠 마카나에(佐久間鼎)였다.[5] 그의 연구에 의하면 일본어의 인칭대명사의 변천이 얼마나 심한가 하는 것에 대해서 잘 알 수 있다. 또한 대명사의 영고성쇠(榮枯盛衰)의 패턴에 관해 주목할 만한 것이 있다.

그것은 화자가 자신을 가리키는 대명사는 그 어느것이나 처음 쓰일 때는 상대방에 대해 자신을 낮추는 의미내용을 가지고 있지

5) 佐久間鼎, 「언어에 있어서 水準轉移(특히 일본어에 있어서 인칭대명사의 변천에 대해서)」 1945년. 단 필자는 사쿠마 씨의 일본어의 언어이론, 厚生閣, 1959년에 수록(再錄)된 것에 따름.

만 계속 오래 사용함에 따라 점점 자신을 드러내는 느낌이 들어가게 되더니, 결국에는 상대를 내려다볼 때 쓰는 말로 바뀌어 일반적인 사용으로부터 탈락해 버리고 만다는 것이다.

예를 들면 'ぼく' 는 도쿠가와(德川) 시대에는 주로 한문 속에 사용하는 문장어였다. 물론 그 의미는 "당신의 하인, 종" 이라는 뜻으로 자신을 낮추어 말했던 것이다. 그것이 메이지시대에 들어서는 구어로서 쓰이기 시작했다. 그런데 이것이 약 100년 지난 현재에는 손윗사람을 대할 때나 공적인 자리에서는 사용하지 않는 편이 좋은 표현이 되어버렸다.

쇼와(昭和) 27년(1952년) 5월에, 국어심의회가 「이제부터의 경어(敬語)」라는 제목으로 문부대신에게 건의한 적이 있다. 그 속에 "자신을 가리키는 말" 제3항에, " 'ぼく' 는 남자학생의 용어이니까 사회인이 되면 'わたし' 를 쓰도록 교육상 주의시킬 것" 으로 되어 있고, 또 "상대를 가리키는 말" 의 제3항에는 " 'きみ', 'ぼく' 는 소위 서로 'きみぼく' 라고 부를 수 있는 친한 사이에서 사용하는 용어이므로 일반적으로는 표준 형태인 'わたし', 'あなた' 를 쓰기 바란다 …" 라는 것이 있다. 이것을 보더라도 'ぼく' 는 상대에게 적어도 정중한 느낌을 주는 단어가 아니라는 것을 알 수 있다.

이 심의회의 건의는 일본어의 언어적 사실의 바른 관찰에 근거를 두고 있다기보다는 점령군의 뜻에 따라 국어의 민주화를 의도적으로 실시한 느낌이 많이 들기 때문에, 전부 믿을 수 있다고는 할 수 없다. 그러나 전 수상인 사토 에이사쿠(佐藤榮作) 씨가 국회

의 답변 때는 언제나 자신을 'わたくし' 라고 하면서 기자회견 때나 대담 때에는 'ぼく' 라고 하는 점을 보더라도 적어도 나이가 많은 사람들은 이 구별을 확실히 느끼고 있는 것 같다.

그런데 사쿠마 씨에 의하면 상대를 가리키는 이인칭 대명사의 경우는 일인칭 대명사와 비교해 정반대의 변화가 나타나고 있다는 것이다. 예를 들면 'てまえ'(이 자식 · 이놈), 'きさま'(이 자식 · 이놈)[6] 등은 원래는 상대를 받드는 좋은 말이었던 것이다. 이것이 점점 많이 사용되면서 상대를 낮게 보는 말이 되어 결국에는 상대를 놀리고 깔보는 나쁜 말로 전락하고 말았다.

앞에서 일본어의 대인 관계의 대명사는 흥망성쇠가 심하다고 말했는데 그것은 단지 옛날 말이 새로운 말로 바뀌는 것을 의미하는 것뿐만 아니라, 여기서 설명한 것처럼 말의 품격이 변화하는 것도 의미한다.

터부(금기)형 변화

필자는 사쿠마 씨에 의해 지적된 일본어의 인칭대명사의 이러한 특징을 터부형 변화라고 부른다.

---

6) 辻村敏樹,「貴樣의 변천」, 1953년. 단 필자는 쓰지무라 씨의『경어의 史的研究』, 東京堂, 단 필자는 쓰지무라 씨의『경어의 史的研究』, 東京堂, 1968년에 수록된 것에 따름.

언어학에서 터부란 어떤 대상 및 사항을 종교적 이유, 공포감 혹은 수치심 등으로 인하여 직접 그 이름을 말하는 것을 피하고 간접 암시적으로 무언가 다른 말을 사용하여 언급하려고 하는 행위를 말한다.

산촌 사람들이 곰을 'おやじ' 라고 한다든지, 슬라브 민족이 medved' (벌 먹음〈蜜喰い〉)라고 하여 본래의 명칭을 사용하지 않는 경우가 그 예이다. 영어의 bear도 독일어의 Bar도 어원은 brown인데, '갈색 녀석' 이란 뜻의 의미로 터부에 의한 별칭인 것이다.

그런데 간접 암시성을 기본으로 하는 우회(迂言)형식인 터부형은 오래 사용되면 이 암시성이 없어지기 때문에 또 새롭게 바꾸어 말해야 하는 숙명을 지니고 있다.

현대 일본어의 소위 인칭대명사는 자신 및 상대 그 자체를 직접 가리키는 말을 갖지 못하고 늘 간접 우회적인 표현을 사용해 왔다. 더구나 역사적으로도 빈번히 교체되어 왔다고 하는 사실에서 정말로 터부의 성격을 지니고 있다고 말할 수 있다. 실제로 일본인은 앞에서도 언급한 것처럼 가능한 한 회화 속에서 인칭대명사를 쓰지 않으려는 경향이 강하다.

이러한 사실을 인도 · 유럽 여러 언어에서는 동일한 인칭대명사가 몇 천년이나 계속 사용된 것과 비교하면 양자를 동일한 언어적 범주로서 함께 인칭대명사라는 이름으로 부르려는 것은 정당성이 의심받는 것은 당연할 것이다.

4. 일본어의 자칭사(自稱詞)와 대칭사(對稱詞)의 구조

자칭사와 대칭사

자칭사(terms of self)와 대칭사(address terms)의 사용에 관하여 현대 일본어(주로 도쿄 방언)에는 어떠한 법칙성이 있는가를 검토하고자 한다. 그전에 자칭사, 대칭사란 무엇을 의미하는가 다시 한 번 확인하고자 한다.

자칭사란 화자가 자기 자신을 언급할 때 사용하는 모든 것을 말한다. 따라서 앞에서 언급한 것처럼 소위 일인칭 대명사는 당연히 자칭사의 일부에 지나지 않는다.

대칭사란 상대방을 언급하는 말의 총칭인데, 이에는 성질을 조금 달리하는 두 종류의 용법이 포함된다.

첫째는 호격(呼格)적 용법(vocative use)이라고 부르는 것으로 상대의 주의를 끌고 싶을 때나, 상대에게 감정적으로 호소하고자 하는 경우에 주로 사용된다. 이 호격은 인도 · 유럽어 등에서는 옛날에는 명사의 격변화 중에서 호격이라는 독립된 대우를 받았다. 예를 들면 라틴어에서는 dominus(주인)이라는 명사의 호격은 domine(주인 아저씨요)이고, 그리스어로는 κυριος에 대해 κυριε이다. 현재의 유럽 여러 언어에서는 호격의 이 형태상의 구별이 거의 소멸되었다. 일본어로 호격적 용법을 나타내려고 할 때, 예를

들면 '父よ' 라는 표현을 자주 사용하지만 이것은 적어도 현대의 구어적 용법이라고는 할 수 없다.

이 호격적 용법 속에는 상대에 대한 애증을 나타내기도 하고, 분노를 나타내기도 하기 때문에 상대를 여러 동물 이름으로 부르는 것도 이에 포함된다. 유럽이나 터키에서는 귀여운 상대를 '종달새' 라든지 '돼지 새끼', '병아리' 등으로 부르고, 일본에서도 싫은 사람을 '개', '돼지', '여우' 등으로 부르기도 한다. 이러한 애증을 나타내는 호격의 비교 문화적 연구도 상당히 재미있지만 여기서는 이 이상 언급하지 않기도 한다.

대칭사의 제2의 타입은 구미의 일부 인류학자에 의해 대명사적 용법(pronominal use)[7] 이라고 불리는데, 어떤 문장의 주어 또는 목적어로 사용된 말이 내용적으로는 상대를 가리키는 경우를 말한다. 인도 · 유럽어에서는 상대를 언급하는 내용을 가지는 문장의 주어 또는 목적어에는 통상적으로 이인칭 대명사가 오기 때문에 이처럼 이름붙인 것이다.

예를 들면, 아이가 부모에게 화를 낸 경우 영어에서는 "I hate you" 라고 하고, 일본어에서는 "お母さんなんてきらい" 라고 한다. 이 you나 'お母さん' 이 여기서 말하는 대명사적 용법의 대칭사인 것이다.

---

7) J. L. Fischer, "Words for self and others in Some Japanese Families," *American Anthropologist*, vol.66, No.6, part 2, 1964 참조.

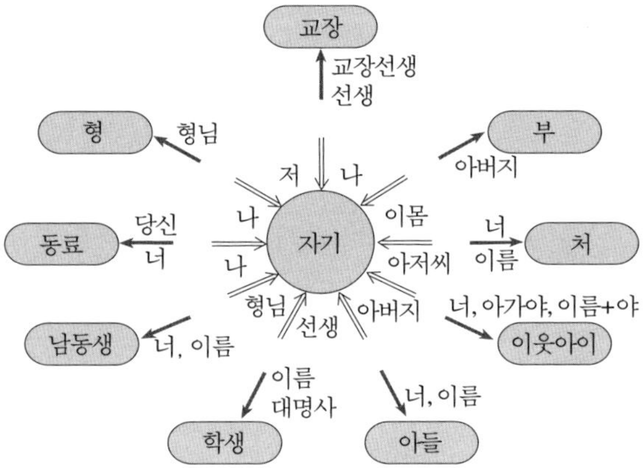

[그림 9]

그런데 이처럼 이해된 자칭사, 대칭사가 일본어 속에서 어떠한 법칙에 따라 사용되고 있는지 살펴보기로 하자.

우선 연령 40세의 초등학교 선생의 경우를 모델로 조사한 결과를 나타낸 것이 [그림 9]이다.

이것은 결코 총망라적으로 모든 것을 기록한 것이 아니라, 보통 무엇이라고 부릅니까라는 질문에 대한 답을 열거한 것에 지나지 않는다. 동일 인물에 대해 두 개 이상 열거한 것은 상황에 따라 달리 쓴다는 것을 의미한다.

이 그림에서 보면 자칭사로는 '저', '나', '이몸', '아저씨', '아버지', '선생님', '형님'의 7가지를 사용하고 있고, 대칭사로는 '당신', '너'라는 대명사 외에 이름, '아저씨', '아버님', '형님' 및 '선생님', '꼬마야 · 아가야' 등을 사용되고 있다.

이 사람에게는 그림에 표시되지 않은 친족(예를 들면 할머니)도 있을 것이고, 또 대화의 범위를 넓혀 대칭사를 조사하면 얼마든지 다른 대칭사를 얻을 수 있다. 대칭사를 조사해 보면 아직 얼마든지 있을 것이다. 따라서 여기에 예를 든 것만이 이 사람이 사용하는 대칭사 및 자칭사의 전부가 아니라는 것은 말할 필요도 없다.

이러한 예를 여러 연령층, 지위, 직업에 종사하는 사람들을 대상으로 조사한 결과 필자는 현재 일본인이 사용하고 있는 자칭사, 대칭사에 관해, 상당히 확실한 규칙을 얻을 수가 있었다.[8)]

이 규칙성을 기본적으로 떠받치고 있는 것은 손위 손아래의 대립개념이다. 이것은 경어의 쓰임들을 생각할 때도 당연한 것이지만 대인 관계용어로서의 자칭사, 대칭사 사용법에서는 실로 확실한 상하 관계가 나타나는 것이다.

그 다음으로 알게 된 것은 일본인의 대화는 비록 그것이 사회적인 관계(context)에 의한 것이라도 궁극적으로는 친족간의 대화 패턴의 확장이라고 볼 수 있다는 점이다.

---

8) 앞의 논문, 鈴木孝夫, 「언어와 사회」 참조.
渡辺友左, 『사회구조와 언어 관계에 대한 기초적 연구(2)』, 국립국어 연구소, 1940년은, 제2부 「일본인의 친족호칭에대한 사례연구(1)」 속에, 후쿠시마현 伊達郡 保原町의 渡辺治 작가의 친족호칭의 용법을 상세하게 보고하고 있는데, 거기서 언급하고 있는 여러 원칙은, 전부 필자가 이미 「언어와 사회」에서 명확히 한 법칙의 타당성을 실증하고 있다.

친족간의 대화

그렇기 때문에 우선 친족간의 자칭과 대칭의 구조를 분석하는 데서 출발하고자 한다.

설명을 알기 쉽게 하기 위해서 [그림 10]을 중심으로 설명하고자 한다. [그림 10]에서는 친족(가족) 내의 상하간의 인간 관계를 나타내었다. 일본 사회에서는 자신보다 윗세대에 속하는 사람은 모두 손윗사람이고, 자신과 같은 세대 사람들간에서는 연령의 상하가 손위, 손아래를 결정한다. 다만 부부 사이에서는 연령차가 그다지 의미가 없는 것 같다.

(1) 화자(話者)는 분할선 위에 속하는 친족에게 인칭대명사로 부르거나 언급할 수 없다.

예를 들면 아버지에게 'あなた' 등의 인칭대명사로 부를 수 없고, "この本あなたの?" 라는 식으로 물을 수도 없다. 형이나 고모, 삼촌에게도 마찬가지로 인칭대명사로 호칭, 지칭할 수 없다.

이와 반대로 분할선보다 밑에 있는 친족에게는 인칭대명사로 부르거나, 언급할 수 있다.

(2) 화자는 분할선 위에 있는 사람을 보통의 경우는 친족명칭으로 부르거나 언급한다. 그러나 분할선보다 밑에 있는 사람에게는 친족명칭으로 부르지 않는다. 예를 들면 자신의 동생에게 "어이, 동생아" 라든가, 딸에게 "딸아 어디 가느냐?" 식으로는 말하지 않는다.

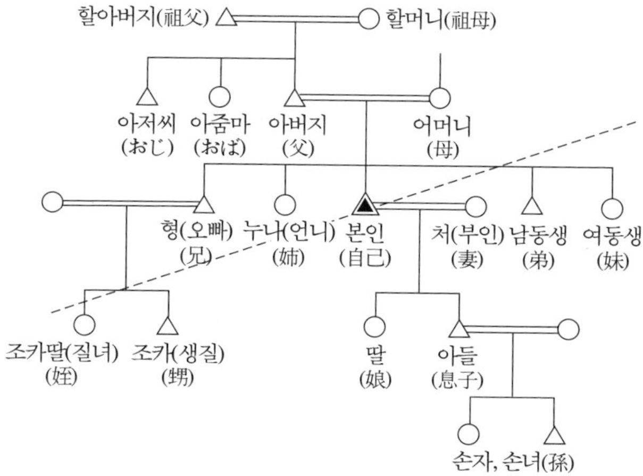

自己 (Ego)

- 분할선보다 위의 가족에 대한
  - 대칭사는 친족명칭밖에 쓰지 않는다.
  - 자칭사는 친족명칭을 쓸 수 없다.
- 분할선보다 밑의 성원(가족)에 대한
  - 대칭사는 친족명칭을 쓸 수 없다.
  - 자칭사는 친족명칭을 쓸 수 있다.

[그림 8]

(3) 화자는 분할선보다 위의 사람을 그 사람의 이름만으로 부를 수 없다. 이에 비해 분할선 밑의 사람에게는 이름만으로 부를 수 있다.

(4) 화자가 분할선보다 위에 있는 사람에게는 통례적으로 이름으로 지칭하지는 않는다. 예를 들면 딸(息子)이 어머니에게 "息子, これきらいよ"라고는 할 수 있지만, 어머니가 딸에게 자기 자신을 언

급하면서 이름으로 지칭하지는 않는다는 것이다.

엄밀한 의미의 친족간의 대화는 아니지만 다음에 예를 든 구니키다 돗포(國木田獨步)의 『소년의 비애』라는 작품에서는 하인이 주인의 조카에게 자신을 이름으로 언급하고 있다.

> 12살 때의 일이라고 기억한다. 도쿠지로(德二郎)라는 하인이 어느 날 나에게 "오늘 밤 재미있는 곳에 가는데 안 가겠느냐" 고 했다.
>
> "어디냐" 라고 나는 물었다.
>
> "어디냐고 물으십니까. 어디라도 좋지 않으십니까, 이 德이 데리고 가는 곳은 다 재미있어요" 라고 德二郎은 미소를 띠면서 말했다.

12세 소년인 나는, 이 이야기 속에서 德二郎을 '德' 이라고 존칭없이 그냥 이름을 부르고 있다. 그리고 德二郎은 작부(酌婦) 같은 친숙한 여자에게 이야기할 때는 이 소년 앞에서 자신을 'わし' (わたし보다 막되고 거만한 느낌의 말씨. 주로 남자 노인이 씀)' 라고 하고 있다.

(5) 화자는 분할선 밑에 위치하는 사람을 상대로 할 때는 자신을 상대방의 입장에서 본 친족명칭으로 언급할 수 있지만, 분할선 위의 사람에 대해서는 그렇게 할 수 없다.

예를 들면 형이 동생과 이야기를 할 때 자신을 '兄さん' 이라고 할 수 있지만, 동생은 형에게 자신을 '弟ちゃん' 이라고는 할 수 없다.

따라서 부모, 조부모, 형 · 누나(오빠 · 언니), '아저씨' (おじ), '아줌마' (おば) 등의 개념을 포함하는 말은 자칭사가 될 수 있지만,

자식, 손자, 남동생, 여동생, 아들, 딸, 그리고 조카, 질녀 등의 개념을 포함하는 말은, 일본어에서는 자칭사로 될 수 없는 것이다.

이상 서술한 것 중에 (1), (2), (3)은 대칭사에 관한 규칙이고, (4), (5)는 자칭사에 관한 것이지만 이 5가지의 원칙은 모두 손위 손아래의 분할선과 합치하여 친족상호간의 대화에서 자칭과 대칭에 대한 사용규칙을 구성하고 있는 것이다.

물론 이것은 어디까지나 원칙에 지나지 않는 것이다. 어떤 특정한 가족 내에서는 어떤 이유가 있어서 이 규칙을 지키지 않고 있을 수도 있다(예를 들면 최근 도시에서는 연령이 비슷한 자매가, 서로 이름으로 부르는 케이스가 보인다).

지금 언급한 5개의 원칙 중에 '아버지 개념을 포함하는 말' 이 실제로 자칭 및 대칭으로 사용될 때 사회계층, 연령 또 가풍 등 여러 조건에 따라 'お父様' (아버님), 'お父さん' (아버지), 'とうさん' (아버지), 'とうちゃん' (아빠) 그리고 'パパ' (아빠) 등으로 쓰여 스타일이 일정하지 않다. 이것은 다른 친족용어에 대해서도 같다고 할 수 있다.

다만 재미있는 것은 친족집단(가족) 중에 손아래 사람이 손윗사람을 부르는 친족용어에 의한 호칭과 그 손윗사람이 자칭사로 사용하는 친족용어는 일치한다. 즉, 자신의 아이로부터 'パパ' (아빠)라고 불리는 아버지는 아이에게 자신을 'ぱぱ' 라고 하지 'お父さん' (아버님)이라고는 하지 않는다.

이러한 점에서 나음의 일반적인 사실을 끄집어낼 수 있다.

어떤 특정한 친족집단 내에서는 손윗사람은 손아래 사람이 자신을 부르는 그 말을 자칭사로 사용한다.

사회적 상황에 따른 대화

친족(가족) 내의 대화에서 보이는 자칭사, 대칭상의 사용법의 원칙은 가족 외의 사회적 상황에도 그대로 사용할 수 있다.

(1) 예를 들면 우리들은 일반적인 상황 하에서는 자신의 선생이나 상사를 'あなた' 와 같은 인칭 대명사로 부를 수 없다. "선생님 사모님 건강은 어떠십니까?(先生の奥様おかげんいかがですか)" 라고는 하지만 "당신의 부인…(あなたの奥様…)" 이라고는 하지 않는다. 반대로 과장이 부하 직원에게 "자네 처는 건강해졌나?(きみの奥さんよくなったかね)" 라고 할 수는 있다.

(2) 사회적으로 손윗사람을 선생님이라든가 과장님이라는 지위명으로 부르는 것은 보통이다. 그러나 선생은 학생을 "어이, 학생" 이라고 부르지는 않는다. 이것은 가족 내에서, 예를 들면 형이 동생을 "어이, 동생" 이라고 부르지 않는 것과 같은 원리이다.[9] 선배, 후배라는 개념의 사용기준도 이와 같아서 후배는 선배에게, "선

9) 생도를 나타내는 말인 학생은, '學生さん' 이라고 어느 학생을 부르는 것이 가능하다. 이것은 상대개념으로서의 상대가 아니라, 일종의 직업(자격)명이라고 생각할 수 있기 때문일 것이다.

배, 어떻습니까" 라고는 하지만 그 반대는 없는 것 같다.

(3) 이름(姓) 사용에 관해서도 상하의 분할선은 잘 지켜지고 있다. 선생이나 상사를 성만으로 부르는 것은 아주 특이한 경우이고, 이름을 사용할 때는 다나카(田中) 선생님, 야마다(山田) 과장님처럼 지위명칭을 부가해야 한다(그렇지만, 실제로는 다나카 씨나 야마다 씨처럼 지위명을 빼고 이름만으로 부르는 예도 있고, 또 소위 말하는 민주적인 회사나, 자상한 선생님에게도 이러한 예가 보인다).

(4) 손윗사람에 대해 화자가 자신을 이름(姓)으로 칭할 수 있지만, 그 반대는 불가능하다. "과장님, 이번 일은 꼭 야마모토(山本)에게 맡겨 주세요" 라고 하는 예가 그것이

[그림 11]

다. 자신을 성으로 칭하는 경우는 뭔가 극적(劇的)인 것, 아니면 자신 있게 말해야 할 상황 같은 데 자주 사용된다.

(5) 자신을 지위나 자격을 나타내는 명칭으로 부를 수 없다. 선생은 학생에게 자신을 선생님이라고 칭할 수 있지만, 학생이 자신들을 '학생이', '학생은' 이라고 할 수 없다. 앞에서도 언급했듯이, 의사, 간호사, 경관 등은 상대가 아이일 경우 자신들을 각각 '의사 선생님', '간호사 언니', '경찰 아저씨' 등이라고 할 수 있다.[10] '선배' 라는 말도 자칭사로 "이 선배가 그렇게 말했는데도 모르느냐" 처럼 사용할 수 있다. '손님' 까지도 자칭사로 사용되는 예가 호조 히데시(北條秀司)의 『각하(閣下)』라는 작품(戱曲)에 보인다.

시대를 주름잡는 닛쇼쿠(日拓)회사의 총재 각하가 갑자기 산속 온천장을 찾아온다고 하니까 집 주인은 물론 면장, 읍장, 군의원 등 그 지방의 유지들이 각하를 환영하는 데 부족함이 없도록 만반의 준비를 갖추고 있었다. 그런데 주인공인 늙은 총재는 당장이라도 부서질 것 같은 마차를 타고 뒷능선을 넘어 온천장에 도착하여 별로 볼품없는 옛날 여관에 머물렀다. 곧 일이 잘못된 것을 알아차린 일동은 급히 서둘러 각하를 연회장의 큰 홀에 안내하지만 여

10) 영어에서도 의사, 간호사 그리고 선생님이라는 말이 상대를 부를 때, you가 아니라 we를 사용한다는 흥미 있는 사실이 있다. 상대에 대해서 보호자라는 심리적으로 위의 입장에 설 때이다. 이 점에 대해서는, 鈴木孝夫, 「언어에 의한 인칭의 개념에 대해서」, 『慶應義塾대학 언어문화 연구소 기요』 제2호, 1971년 참조.

자를 싫어하는 노인은 어느틈엔가 여관으로 되돌아가 버린다. 기생 오유키(おゆき)가 놀라서 말한다.

오유키: 어머나, 손님께서 머무르실 곳은 신관(新館)으로 바뀌었습니다.
각하: 이것 참 곤란하군. 손님은 이 곳이 좋다고 그렇게 말했는데도.… 그게 지금 있었던 연회장이야.
오유키: 손님, 벌써 돌아와 버렸습니까.
각하: 손님은 넓은 곳보다 이 방이 훨씬 편하고 좋다니까.…

이 각하라고 불리는 노인이 자기 자신을 손님이라고 하는 것은 이 소녀(おゆき)에게 대해서만이지, 다른 사람에게는 언제나 'わし' 라고 하고 있다.

5. 친족명칭의 허구적 용법

실제로는 혈연 관계가 없는 타인에게 친족명칭을 사용하여 부르는 것을 인류학에서는 친족명칭의 허구적 용법(fictive use)이라고 한다. 이러한 관습은 정도의 차이는 있지만, 어느 언어에서나 볼 수 있는 것으로서 뒤에 서술할 영어의 경우에도 이러한 용법이 있다. 그러나 일본어에서는 지금까지 보아 온 것처럼 인칭대명사의 사용이 극도로 제한되어 있고, 타인을 친족명칭으로 부르는 습관은 발달되어 있다고 할 수 있다. 사용되는 용어로서는 조부, 조모, 아저씨, 아주머니, 형, 누나, 언니 개념을 포함한 것이 많이 사용되고, 아버지 및 어머니 개념을 포함한 것은 표준적인 도쿄어에서는 거의 사용되지 않는 것 같다

이 허구적 용법에서도 일본어는 서구어와 아주 대조적이다. 그것은 호칭뿐 아니라 타인에게 자기 자신을 친족명칭을 사용하여 나타낼 수 있다고 하는 점이다. 즉 일본어에는 자칭사로서의 허구적 용법이 풍부하게 존재하는 것이다.

허구적 용법의 일반원칙은 화자가 자기 자신을 원점으로 하여, 상대가 만약 친척이라면, 자신의 어디에 해당할까를 생각하여 그 관계에 적절한 친족명칭을 대칭사 또는 자칭사로 선택하는 것이다.

예를 들면 젊은 사람은 타인인 노인에 대해 'おじいさん', 'おばあさん'(할아버지)이라고 부르기도 하고, 중년의 남자를 'おじさん'(아저씨)이라고 하기도 한다. 또, 자신보다 나이가 아래인 사람에 대해 자신을 'おじさん'(아저씨) 또는 'お姉さん'(언니)이라고 한다. NHK의 어린이용 프로에서는 프로의 담당자는 모두 이러한 방식으로 자신을 부르고 있다(노래하는 아주머니〈歌のおばさん〉, 체조하는 오빠〈體操のおにいさん〉 등).

그러나 허구적이라고는 하지만 친족명칭을 사용하기 때문에 본래의 사용법을 제한하는 각종의 규칙은 물론 그대로 적용된다. 따

라서 손아래 지위를 나타내는 자식, 손자 그리고 조카, 질녀 등의 말은 사용되지 않는 것이다(그러나 딸만은 '娘さん' 이라는 호칭이 타인에 대해서 가능하다. 이 예외적인 현상을 어떻게 설명할까에 대해서, 필자는 적당한 해답을 얻지 못하고 있다).[11]

그러면 우리들 일본인은 자신보다 훨씬 연하의 타인을 '친족명칭의 허구적 용법' 을 이용하여 호칭할 수 없느냐 하면 그렇지 않다. 실은 기묘한 방법으로 이 제한을 회피하고 있는 것이다.

구체적인 예를 들어 생각해 보자. 일요일 같은 날 공원에서 작은 여자아이가 미아가 되어 울고 있는 것을 발견했다고 하자. 어른들은 이 아이를 무엇이라고 부를까. "자, 울지마. 너(おねえちゃん:언니) 이름 뭐니? 누구랑 왔니?" 라는 식의 회화를 상상해도 부자연스럽지 않을 것이다. 미아가 남자아이라면, 'おにいちゃん' (오빠)이라고 할 것이다.

그리고 말을 걸고 있는 어른은 자기 자신을 연령, 성별에 따라 'おばさん' (아주머니) 또는 'おにいさん' (형)이라고 한다. "おねえちゃんのパパ, おばさんが深して上げましょう" 라고 한다.

그런데 이러한 색다를 것 없는 일상적인 회화도, 잘 생각해 보면 이상한 것이다. 자신을 'おばさん' 이라고 칭하는 것은 앞에서 언급한 친족용어의 허구적 용법으로 설명할 수 있다. 그러나 어린

11) 이 문제에 대한 한 가지 해석은, 鈴木孝夫, 「터키어의 친족 용어에 관한 二, 三의 메모」, 『언어연구』 제51호, 1967년 발표.

아이를 'おねえちゃん' 이라고 부르는 것은 단순한 허구적 용법으로는 설명할 수 없다.

허구적 용법이란 자신과 혈연 관계가 없는 타인을 만약 친족이라고 가정하면 자신의 무엇에 해당할까를 생각하여 호칭하는 것인데, 말하는 이가 상대를 'おねえちゃん' 이라고 부르기 위해서는, 상대는 적어도 연상의 여자이어야 한다.

말하자면 허구적 용법의 제2종류라고 해야 할 사용법의 구조를 이해하기 위해서는 다시 친족용어의 본래의 사용의 장(場)인 가정으로 되돌아가 자칭사, 대칭사 용법을 한 번 더 자세히 검토해야 할 필요가 있다. 그러면 허구적 용법의 제2의 사용법이 결국 가족 내의 친족명칭의 어느 종류의 사용법의 연장이라는 것을 알게 될 것이다.

제2의 허구적 용법

현대 일본어(도쿄 방언)의 대화에서 자신 및 상대를 칭하는 말은 서구어 등의 경우와 달리 상상 이상으로 복잡한 것이지만 거기에는 일관된 원칙이 있고, 더구나 그것은 가족간의 자칭사, 대칭사의 패턴이 기본을 이루고 있는 것이라는 것은 이미 언급한 대로이다.

그런데 그 기본이 되는 가족간의 대화를 더 자세히 관찰해 보면 너무 귀에 익은 사용법이기 때문에 전혀 의문을 느끼지 않지만, 외국인 등에게는 기묘하기 짝이 없는 것으로 느껴질 것이다. 어머니가 자신의 아이를 '언니' 또는 '형'이라 부르기도 하고, 아버지가 자신의 아버지를 '아버지'라고 하지 않고 '할아버지'라고 부르는 것 등이 그러하다. 원래 친족명칭이란 그것을 사용하는 사람이 원점이 되기 때문에, 아이가 봐서 아버지인 사람도 그 사람의 부인이 보면 남편인 것이다. 그런데 많은 가정에서는 부인까지 남편을 '아빠' 또는 '아버지'라고 부르는데, 생각해 보면 이상하다.

여기에 든 예와 같은 사용법을 허구적 용법의 제2종이라고 부른다. 이 용법은 화자와 상대방 간의 친족 관계를 화자가 사용하는 말이 바르게 반영되어 있지 않다고 하는 의미에서는, 타인의 아이에게 자신을 'おじさん' 또는 'おにいちゃん'이라는 본래의 허구적 용법과 축을 같이하는 것이다.

그러나 자신의 남편을 아버지 개념을 포함한 말로 부르거나, 딸에게 언니의 개념을 포함하는 말로 부르거나 하는 경우의 허구성은 단순한 허구성과는 전혀 내용이 다른 것이다.

이 차이를 이해하기 위해서는 친족명칭이, 자기중심어라고 부르는 특수한 어휘라는 것을 먼저 알아야 할 필요가 있다.

자기중심어로서의 친족명칭

필자가 지금 책상 위에 있는 연필을 가리키며 "이것이 무엇입니까?"라고 물었다고 하자. 일본어를 알고 있는 사람이라면 "연필입니다" 라고 대답할 것이다. 같은 방법으로 방구석에 앉아 있는 고양이를 가리키며 무엇이냐고 물으면 고양이라고 대답할 것이다.

이러한 예에서 보듯이 대부분의 경우 어떤 특정한 사물(현상)을 가리키는 말(사물, 현상의 이름)은 너나할것없이 누구에게나 동등한 것이다. 사실 언어가 사람들의 전달 수단으로서 사회적으로 통용되기 위해서는 동일대상에 관해서는 동일한 말(기호)로 대응되지 않으면 안 되는 것이다.

그러나 모든 말이 이렇게 그 어느 누구에게나 동일한 대상만을 가리키지는 않는다. 바꾸어 말하면 완전히 동일한 사물이나 대상이 말을 사용하는 입장에 따라 다른 명칭으로 불리기도 하기 때문이다.

다시 한 번 연필의 예로 이것을 설명해 보자. 필자가 무언가를 가리키며 "이것이 무엇입니까?" 라고 했을 때, 상대방은 "그것은 연필입니다" 라고 하는 것이 보통이다. 즉 연필이라는 대상이 필자에 의해 '이것' 이라고 불리는 데 비해, 상대방은 '그것' 이라고 한다. 이처럼 '이것', '그것', '저것' 등의 지시대명사는 문제시되는 동일 대상과 말을 사용하는 사람의 관계의 차이를 반영해 변해 가는 종류의 말인 것이다. 생각해 보니 '우' 나 '좌' 와 같은 말도 같은 성질을 가지고 있다. 내가 왼쪽이라고 하는 방향은 나와 마주 보고 있는 사람에게는 오른쪽이 된다. 언어 중에는 '이것', '그것' 이나, '좌', '우' 와 같이 누가 말을 하는가 하는 문제와 쓰는 사람과 대상과의 관계를 확실히 하지 않는 이상은 구체적으로 무엇을 가리키는가가 부정확하다. 그래서 동일한 대상이 다른 말로 나타나게 되는 경우가 꽤 있다. 이러한 말을 자기중심어(egocentric particulars)라고 한다.[12)]

이에 대해 연필이나 고양이 같은 보통의 말은 말하자면 사회중심어인 것이다. 일본어를 사용하는 사회에서는 고양이라는 말은 일정한 대상물을 가리킨다는 것이 정해져 있고, 쓰는 사람이나 입장이 바뀌어도 고양이는 고양이인 것이다.

즉 말의 사용기준이 사회에 있는 것이다. '좌' 나 '우' 는 누구에게 있어서 좌인가, 누구의 우인가 하는 것처럼 그 말을 사용하는 사람이 누구인가를 정하지 않는 한, 구체적인 내용을 갖지 못한다는 의미에서 자기중심어라고 부르는 것이다. 자기중심어에는 그 밖에도 '멀다', '가깝다', '앞', '뒤', '지금', '어제', '여기', '거기' 등 주로 시간, 공간에 관한 많은 말이 포함된다.

그런데 'わたくし', 'あなた' 와 같은 인칭대명사도 자기중심어라고 할 수 있다. 'わたくし' 란 이야기를 하고 있는 사람이 자신을 칭하는 말이고, 상대가 말하기 시작하면 지금까지 이야기하고 있던 사람은 'あなた' 로 바뀌고, 지금까지의 'あなた' 가 'わたくし' 가 되는 것이다.

이와 마찬가지로 친족명칭도 전부 자기중심어인 것이다. 예를

12) 이 용어는 Bertrand Russell, *An Inquiry into Meaning and Truth*, 1940. 처음으로 사용되었다.

들면, 여기에 어떤 남자가 있다고 하자. 이 사람은 자신의 아이에게는 아버지이지만 처가 보면 남편인 것이다. 또 그 사람의 아버지가 보면 자식인 것이다. 이처럼 그와 친족 관계에 있는 여러 사람의 다른 입장에 의해 동일인물이 다른 명칭으로 불리는 것이다. 따라서 친족 관계를 넓고 크게 보면 볼수록 동일인물이 점점 다른 명칭으로 불리게 되는 것이다.

친족명칭이 자기중심어라는 것을 좀더 자세히 서술한 이유는 일본어의 대화 중에 사용되는 친족명칭이 가끔 자기중심어로서가 아니라 아주 특수한 예로 쓰이고 있는데, 그것이 현대 일본어의 눈에 띄는 특징이라는 것과, 이 친족명칭 사용법이 실은 일본인의 어떤 종류의 행동양식과 대응하는 점이 있다고 생각되기 때문이다.

친족명칭의 아이 중심적 사용법

저녁 식사 때, 남편의 귀가가 늦어지는 데 대해서 "아빠 늦네. 어떻게 된 걸까?"(パパ遅いわね．どうしたのかしら)라고 아이에게 푸념하듯이 말하는 부인에 대해서 생각해 보자. 아이가 "아빠 늦네"(パパ おそいね)라고 말하면 문제될 것은 없지만, 어머니가 아이가 하는 말과 같은 말을 하는 것은 이상하다고 이미 지적했다. 아빠란 친족명칭이기 때문에 부인이 아빠라고 하면 논리적으로는, 그녀의 아버지 즉 아이의 할아버지를 가리키는 것이 된다. 그러나

누구도 이러한 오해는 하지 않을 것이다. 첫째, 이 표현 그 자체를 논리에 맞지 않다고 생각하는 사람조차 없을 만큼 일본의 가정에서는 당연한 것처럼 받아들여지고 있다.

그러나 필자에게 터키어를 가르쳐 준 베르케스(터키인)라는 사회학자는 필자로부터 이 이야기를 듣고 "자신의 남편에게 아빠라니 마치 근친상간(近親相姦) 같군." 하면서 놀라는 기색이었다. 터키에서는 절대로 있을 수 없다는 것이다. 그렇다면, 아이 앞에서 부인이 남편을 어떻게 부르는가 하면 'おまえのパパおそいね(네 아빠가 늦는구나)' 처럼 말한다는 것이다. 터키어로 아버지를 baba 라고 한다. 게다가 '너의' 를 의미하는 소유접미사 n을 붙여 부인이 아이 앞에서 남편을 언급할 때는 반드시 baban이라고 한다. 아빠는 아빠라도 나의 아빠가 아니라, 너의 아빠다라고 말한다는 것이다. 이처럼 터키어에서는 자신을 원점으로 하지 않는 친족명칭을 사용할 때는 반드시 '누구누구의' 라는 원점을 명확히 한다.[13)]

이러한 터키어의 예로 봐서, 일본어의 경우도 '너의' (お前の)에 상당하는 말이 생략되어 있는 것이라고 생각할 수 있을까.

이 해석은 이론적으로는 어떻든 간에 우리들 일본인의 언어관으로는 들어맞지 않는 것 같다. 이것은 다음과 같은 예를 보면 한층 더 확실히 알 수 있다.

필자가 타고 다니는 야마노테(山手)선의 전차가 신주쿠(新宿)역

---

13) 주 11)의 문헌 참조.

에 도착했을 때의 일이다. 내릴 손님이 거의 내렸다 싶을 때 새로운 손님들이 밀려들어온다. 빠르게 뛰어 타 필자 옆자리를 차지한 노부인이 자기 옆자리를 두드리면서 "엄마 이쪽으로 오세요"(ママここにいらっしゃい)라고 한다. 그랬더니 승객 중에서 아기를 안은 젊은 딸이 나타나 노부인 옆에 앉는 것이다. 확실히 어머니가 딸을 어머니(ママ)라고 부른 것이다.

이처럼 직접 부를 때는 이미 '누구누구의' 어머니라는 표현의 '누구누구'가 생략되었다고 생각하는 것은 무리일 것이다. 자신의 남편이 '아빠'이고, 자신의 딸을 '어머니'라고 부를 수 있는 일본어는 미친 언어라고 베르케스 교수가 말하는 것도 무리는 아니다.

일본인이 가족간에 사용하는 친족명칭에서 이렇게 이해할 수 없는 허구적 용법은 아직 얼마든지 지적할 수 있지만, 그 어느것이나 일본인에게는 귀에 익은 용법이다.

필자는 이 용법을 다음과 같이 해석하도록 지적해 왔다.[14] 부인이 아이 앞에서 남편을 '아빠'라고 언급할 수 있는 것은 그녀가 심리적으로 아이의 입장에 동조하기 때문이다. 그녀는 자기 자신의 입장에서 보면 남편인 인물을 아이의 입장을 경유하여 보는 것이다. 즉 그녀는 자신이 쓰는 아빠(파파)라는 자기중심어의 원점을 아이에게 옮기는 것이다. 아이의 입장에서 아빠라고 부를 수 있는

14) Suzuki, Takao, "On the Notion of Teknonymy," *Studies in Descriptive and Applied Linguistics, Bulletinof the Summer Institute in Linguistics*, vol. IV, 1967, International Christian University, Tokyo.

사람이기 때문에 그녀도 아빠라고 부르는 것이다. 이때 중요한 것은 그녀는 아이와 심리적으로 동조하여 아이의 입장에 자신의 입장을 동일화시키고 있는 것이다. 아이의 입장, 아이의 시점으로의 동조를 필자는 공감적 동일화(empathetic identification)라고 부르고 있다. 그러나

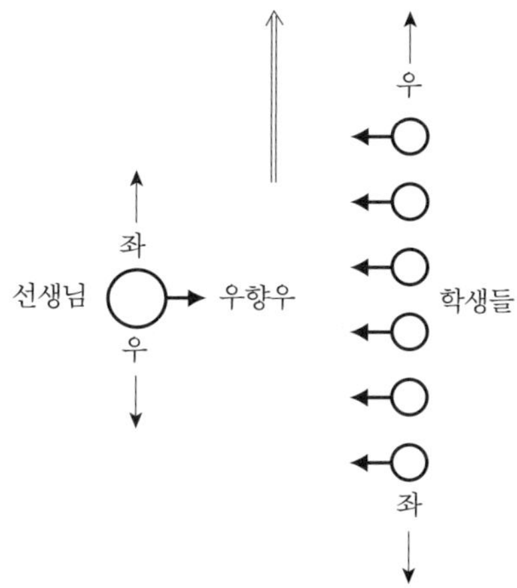

[그림 12]

이 현상은 말의 사용법으로서는 반드시 다른 예가 없을 만큼 특수한 것은 아니다. 예를 들면, 학교에서 체조선생이 학생에게 구령을 부를 때 똑같은 동조적 합일화가 나타난다. 일렬횡대로 줄 서 있는 학생들과 마주보고 있는 선생은 만약 자신의 왼쪽 편을 향하게 하려면 [그림 12]에 나타난 것처럼 "우향우"라고 구령을 불러야 한다.

이 선생님이 말하는 '우'는 선생 자신의 입장을 기준 원점으로 하는 보통의 자기중심어로서의 '우'가 아니라 학생 입장을 머리 속에 생각해, 자신을 상대에게 동조시켜 일체화하여 사용한 '우'인 것이다. 신출내기 선생은 이것이 잘 안 되어 자기도 모르게 자신을 원점으로 생각하여 "좌향좌"라고 구령하여 학생들이 엉뚱한 방향을 보게 한다.

이처럼 다른 사람의 입장을 원점으로 하여 화자가 자기중심어를, 그것도 그것을 명시하지 않고 쓰는 것을 자기중심어의 타자 중심적 용법(allocentric use)이라고 부른다.

'너의 왼쪽', '너의 뒤' 처럼 누가 원점인가를 확실히 하면, 이것은 본래적인 사용법이다.

가족 내에서 사용하는 일본어의 친족명칭은 대개의 경우 이 타자 중심적 용법으로 쓰고 있기 때문에, 친족명칭을 이러한 식으로 사용하지 않는 터키 사람이 보면 미친 짓으로 보이는 것이다.

친족용어의 타자 중심적 용법은 일본어에만 있는 것이 아니라 영어에도 한정된 범위이기는 하지만 쓰이고 있다. 예를 들면 어린이에게 어머니는 남편(아이의 아버지)을 daddy라고 부른다. 그러나 이러한 용어는 갓난아기 용어(baby talk)로, 사회적으로도 구별되어 있는 점이 일본어와는 다르다.

앞의 예에서 노부인이 갓난아기를 안은 딸로 보이는 부인을 마마라고 부르는 것도 노부인이 상대(딸)를 직접 자신의 입장에서 보지 않고 아기, 즉 자신의 손자의 입장에 동조한 것이다. 손자 입장에서 본 노부인의 딸은 어머니이고, 손자는 그 사람을 엄마라고 부르는 것이다. 따라서 현재 자신의 입장을 손자의 입장으로 옮긴 노부인도 이 인물(자신의 딸)을 마마라고 부르게 되는 것이다.

일본의 대부분의 어머니가 자기 아이의 형을 'お兄ちゃん', 아이의 누나를 'お姉ちゃん' 이라고 부르는 습관도 같은 구조이다. 어머니는 이 경우도 상대를 직접 자신의 입장에서 보지 않고 아이의 입장을 우회해서 간접적으로 보려고 한다. 동생은 형을 형이라고 하고, 누나를 누나라고 부른다. 그래서 어머니도 그 상대를 'お兄ちゃん', 'お姉ちゃん' 이라고 부르게 되는 것이다.

이러한 예를 여러 가지로 고찰한 결과 다음과 같은 법칙이 존재한다는 것을 알았다.

(1) 일본의 가족 내에서 손윗사람이 손아랫사람에게 직접 이야기 할 때는 가족의 최연소자의 입장에서 그 상대를 본 친족명칭을 사용하여 부를 수 있다.

(2) 손윗사람이 아랫사람을 상대로 이야기할 때 이야기 속에서 손윗사람이 언급하는 인물이 상대보다 손위의 친족인 경우에 화자는 이 인물을 자신의 입장에서 직접 취하지 않고 상대, 즉 손아랫사람의 입장에서 언어적으로 파악한다. (2)의 실례로 엔지 후미코(圓地文子)의 작품『女坂』속에 시라카와 노리(白川倫)라는 여주인공이 비서 역을 맡은 조카에게 자신의 남편을 숙부님이라고 칭하고 있다.

> 고맙다. 요즈음은 자네가 써 주어서 크게 도움이 되는구나. 이러한 문서는 여자인 나로서는 어떻게 할 수 없지, 숙부님(白川)은 이런 귀찮은 것은 아예 손도 대려고 하지 않으니…

또 어느 가정이나 아버지가 아이와 이야기할 때 그 자신의 아버지, 즉 아이의 할아버지에 대해서 언급할 때는 아버지는 '아버지', '아빠' 라고 하지 않고, 아이의 시점에서 생각하여 '할아버지' 라고 한다.

그 반면 이 아버지가 장녀에 대해, 장녀의 남동생(아버지 자신의 아들)을 화제에 올릴 경우 '弟ちゃん' 이라고 상대(장녀)를 원점으로 하지 않고 아버지 자신을 원점으로 하여 직접 파악해야 하는 것이다. 그런데 앞에서도 언급하였듯이 친족명칭의 본래적인 사용에 관한 원칙상 그는(아버지) 아들을 아들이라고 칭할 수 없기 때문에 결국 이름으로 언급할 수밖에 없는 것이다.

필자가 친족명칭의 제2의 허구적 용법이라고 부르는 것의 최대 특징은 지금까지 보아 온 것처럼 손윗사람이 손아랫사람과 대화할 때 사용하는 친족명칭이 궁극적으로는 가족의 최연소자를 기준으로 하고, 불리는 사람, 또는 언급되는 사람 모두 이 최연소자의 입장에서 봐서 어디에 해당되는가를 상정하여 그 용어를 나타낸다는 것이다.

2인칭으로서의 '僕'(자기)

이 원칙을 알면 최근 젊은 부부가 동네의 남자아이를 부를 때 'ぼく' (僕:나)라는 일인칭 대명사를 사용하고 그것이 마치 이름인 양 "ぼくちゃん"이라고 부르는 이유를 알 수 있을 것이다. 어머니가 아이에게 "ぼく早くいらっゃい", "ぼくちゃんこれ欲しいんでしょう"라고 하는 심리 구조는 그를 가족의 최연소자(이 경우는 그 자신)의 입장에서 본다면 그는 도대체 어디에 해당되는가를 생각하게 되는 것이다. 당연히 그에게 있어서 그 자신은 'ぼく' 라고 말하는 인물이다. 그래서 그의 입장에 동조한 어른은 그를 'ぼく' 라고 부를 수 있는 것이다.

앞에서 설명한 사회적 관계(context)에서 남의 아이를 일본인이 자주 "おにいちゃん", "おねえちゃん"이라고 부르는 것도 눈앞의 상대를 직접 파악하지 않고 그 아이에게 남동생이나 여동생이 있다면 그 가정(假定)의 인물에게 화자가 자기동일화를 꾀하기 때문에 가능한 것이다.

상대가 어린 남자아이라면 지금 설명한 'ぼく' 를 사용하는 것이다. 이 경우에도 그 자신을 허구적 가족의 최연소자로 인정함으로써, 그 자신의 입장에서 그를 보는 것이다. 그래서 본래는 자칭사인 'ぼく '라는 자기중심어를 타자 중심적으로 대칭사로 사용하여 상대를 부르는 것이다.

화자가 대화의 상대를 말로 언급할 때 거기에 없는, 존재하지 않을지도 모르는 인물의 시점에서 상대를 규정지어 가는 방식은 일반인이 상상하는 이상으로 인간의 언어활동에 자주 보이는 것이다.

미국의 사회학자 호만즈와 슈나이더의 공동논문에 의하면[15] 그들 중 한 사람이 교외의 신흥 주택단지를 걷다가 4살 정도의 남자

---

15) David M. Schneider and George C. Homans, "Kinship Terminology and the American Kinship System," *American Anthropologist*, 1955, vol. 57, pp.1194 ~1208.

아이가 구두끈이 풀려 어쩔 줄 몰라 하고 있는 장면을 만났다고 한다. 그때 이 아이는 그를 올려다보고는 "Somebody' s Daddy! Please fix my shoelace!" 라고 말했다고 한다. 그들의 해석에 의하면 이러한 단지에서는 거의 가정에 몇 사람인가의 아이가 있기 때문에, 아이들은 근처의 어른을 반드시 "누구누구의 아버지"(어머니) 라고 자신의 친구를 원점으로 하여 누구누구의 아버지, 어머니 하는 식으로 간접적으로 파악하는 버릇이 있다고 한다.

그런데 낯익지 않은 어른이 가까이 왔기 때문에 우선 머리 속에서 원점이 되는 친구 x를 설정하여, 그 친구의 아버지라는 패턴으로 불렀기 때문에 Somebody' s Daddy라는 표현을 사용했을 것이라고 한다.

또 남태평양의 칼로린 군도(群島)의 토락이라는 섬에서는 다음과 같은 재미있는 예가 보고되어 있다.[16)]

이 섬에서는 'A' 라는 이름의 남자에게 처음 아이가 태어나면, 그 이름은 'B' 로 하기로 정해져 있다. 그리고 'B' 의 장자는 'C' 로 하기로 정해져 있다. 이렇게 일정수의 이름이 쇠사슬처럼 이어져 있고, 몇 세대 지나면 원위치로 되돌아온다고 한다. 이것을 인류학에서는 순환명명(cycle names)이라고 한다. 12간지 같은 것이라고 생각하면 이해가 될 것이다.

---

16) W. H. Goodenough, "Personal Names and Modes of Address," in *Context and Meaning in Cultural Anthropology*, ed, by M. Spiro, New York and London, 1965.

그런데 이 섬사람들은 일종의 실명기피 같은 습관이 있어 사람을 실명으로 부르지 않는다. 그래서 언제나 'A'를 'B의 아버지', 'B'를 'C의 아버지'라고 부른다.

아직 결혼하지 않은 어린 아이에 대해서도 똑같은 방법으로 부른다. 왜냐하면, 그(그녀)가 성인이 되어 아이가 생기면 그 아이의 이름이 무엇인지는 순환명명법에 의해 이미 모든 사람이 알고 있기 때문이다.

즉 아직 태어나지 않은 인간을 기준으로 하여 화자는 눈앞의 상대를 언어적으로 언급하는 것이다.

도조 미사오(東條 操)의 『전국방언사전』(東京堂, 1951年)에 의하면 'おじ'라는 말의 방언적인 사용법으로 '제(弟), 차남 이하'라는 의미가 있다고 기록되어 있다. 'ぼく'에 대해서도 '매(妹), 차녀 이하'라는 의미가 있다. 기술이 너무나 간단하여 어떠한 상황에서 이러한 의미로 사용되는지에 대한 설명은 불충분하지만 필자가 사는 지바(千葉縣 安房郡)에서의 관찰에 의하면, 다른 곳에서 온 사람이 누구누구는 무슨무슨 집안의 'おじ', 'おば'이다라는 식으로 사용한다. 필자 자신도 3남이기 때문에 어떤 사람으로부터 'おじ'이군요라고 불린 경험이 있다.

지금 여기서 이 'おじ', 'おば'의 방언적 용법에 대해 언급한 것도 실은 이것도 눈앞에 없는, 아직 태어나지도 않은 사람을 기준으로 앞에 있는 사람을 친족용어로 규정하는 구조를 가진 것으로 설명할 수 있다고 생각하기 때문이다.

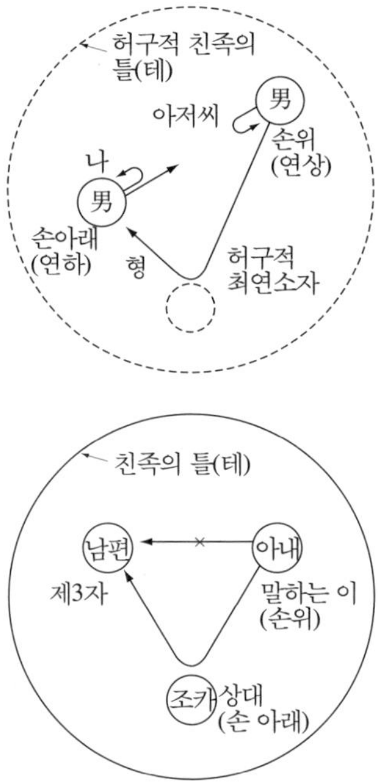

[그림 13]

즉 한 가정의 장남은(옛날 헌법에서는) 집안의 대를 이어가는 것으로 정해져 있었다. 본가 중심의 견해가 강한 시대에는 어떤 집의 차남 이하, 차녀 이하는 장남의 아이들로부터 'おじ', 'おば' 라고 불리는 사람들이다. 그래서 화자는 자신의 시점을 이 장남의 아이들(아직 태어나지 않았어도)에게 동조시켜 눈앞의 상대를 'おじ', 'おば' 라고 부르는 것이 아닌가 한다.

이러한 생각의 옳고 그름은 자료가 충분하지 않기 때문에 잘 알 수 없지만 이 방언적인 사용의 범위가 도호쿠(東北), 간토(關東)지방에 많다는 것도 일단은 그렇게 생각해 보는 것이 타당하다는 것을 시사하는 것처럼 보인다.

현재 존재하지 않는 인물을 설정한다는 점에서는 지금 언급한 영어나 토락 섬의 예와, 일본어의 제2종 허구적 용법과는 축을 같이한다. 그러나 친족명칭 그 자체의 사용법에 대해서는 양자 사이에 확실한 차이가 있다.

영어의 경우에는 daddy(아버지)라는 말을, somebody' s(누구누구의)라고 명시함으로써 아버지를 나타내는 친족명칭의 원점이 화자(남자 아이) 자신이 아님을 나타내고 있다. 이것은 마치 터키의 어머니가 아이의 아버지(자신의 남편)를 아이를 상대로 말할 때 반드시 baban(너의 아버지)이라고 하는 것과 같다. 토락 섬사람들이 쓰는 'B의 아버지' 라고 하는 것도 같은 구조이다.

이에 대해 일본어의 경우는 가공(架空)의 인물, 또는 거기에 없는 사람에게 화자 자신이 자기를 동조시켜 대화의 상대를 본 결과 그냥 'おにいちゃん' 또는 'おじさん' 이라고 하기 때문에 '누구누구의' 라는 친족용어의 원점을 나타낼 필요가 없다는 차이가 있다.

6. 말과 행동양식

이상으로 현대 일본어에서 사람들이 자신을 어떠한 말로 칭하고, 또 상대를 어떠한 말로 호칭, 지칭하는가를 간단히 살펴보았다.

이러한 흥미로운 언어사회학적인 분야가 지금까지 상세하게 기술되어 통일적으로 해석되지 않은 채 쓰이고 있는 이유는 아마 현상이 너무 가까이에 있고, 실생활에서 흔히 접할 수 있는 친숙함 때문이었다고 생각한다.

그러나 필자는 이유가 이것만이 아니라고 생각한다. 이러한 견해에 대한 일본어의 연구가 없었던 이유는 일본의 근대 언어학이 스승으로 받들어 모시고, 규범으로 한 서양의 언어학에 이러한 견해가 결여되어 있었기 때문이 아닐까. 즉, 서구의 언어학에는 이러한 문제를 취급할 필연성이 없었던 것이다. 서구의 언어에는 이러한 현상이 존재하지 않기 때문이다.

그러나 서양의 언어학이 문제시해 온 문제와 동종 또는 비슷한 문제만을 일본어 속에서 찾아 그 차이를 논하였다. 더구나 그것을 논할 때 서구 기준으로 이쪽의 현상을 보려는 태도를 취해 왔다. 그러나 그러한 태도를 버리고 우리들 주위를 보면 얼마나 많은 흥미로운 문제가 남아 있는지 알 수 있다.

예를 들면, 상대를 어떠한 말로 부를까 하는 문제와 관련하여 일본에서는 어른이나 선생님이 아이를 꾸짖을 때 아이의 이름을 부르면서 (존칭 없이) 꾸짖는다. "다로!! 그만두지 못해"(太郎!!止めなさい)라는 식이다. 그런데 영어에서는 꾸짖는 사람의 화난 정도에 따라 아이의 이름뿐 아니라 성(姓)도 같이 말한다.[17)]

"George Frankline! Cut it out"이라고 꾸짖는다. 이름에 미들 네임이 있을 경우는 미들 네임까지 넣어서 꾸짖는다고 한다. 일본의 부모가 자신의 아이를 꾸짖으면서, "(山本太郎!! 止めなさい)야마모토 다로! 그만둬"라는 식으로는 결코 말하지 않을 것이다. 이 양

17) 앞의 논문, 鈴木孝夫, 「친족명칭에 의한 영어의 자기표현과 호칭」 참조.

자의 차이는 도대체 무엇을 의미하는가.

또, 자기 자신을 어떻게 칭할까 하는 문제를 넓혀 가면 일본인이 독백을 할 때 자신을 무엇이라고 할까 하는 의문이 생긴다. 영어에서는 가끔 자신에게 you라고 하여 자신을 이인칭 취급한다.[18)] 더구나 대부분의 경우 다음의 예와 같이 자신의 이름을 먼저 말하는 것이다.

> Miss (jane) Marple sighed, then admonished herself in words, though she did not speak those words aloud. "Now, Jane, what are you suggesting or thinking?"

다로(太郞)라는 이름의 일본인이 자신에게 "다로, 너는 도대체 무슨 생각을 하니?" 라는 식의 독백을 할까?

이러한 문제의 해답은 결코 간단하지는 않다. 그리고 유럽의 문법서적이나 연구서에서 이것을 얻기란 불가능하다. 이와 같이 말하는 것은 새로운 시점에서 일본어와 영어를 비교할 때 비로소 문제의 소재를 발견하게 되기 때문이다.

문제란 그곳에 그냥 존재해 있는 것이 아니라 시점을 설정했을 때 비로소 나타나는 것이다.

아직 얼마든지 흥미로운 문제를 지적할 수 있지만, 한정된 지면

18) 앞의 논문, 鈴木孝夫,「언어에 의한 인칭의 개념에 대해서」 참조.

관계로 끝으로 일본인의 자칭사, 대칭사의 특이한 구조가 일본인 고유의 행동양식, 사고와 어떤 결합 관계를 가지고 있는지에 대해서 한두 가지 지적하고 맺을까 한다.

구체적인 역할의 중시

일본어의 자칭사 및 대칭사는 대화의 장에서 화자와 상대의 구체적인 역할을 명시하고 확인하는 기능을 강하게 가지고 있다고 생각할 수 있다.

역할이란 어떤 특정한 자격이나 성질을 갖춘 사람이 사회적인 관계 속에서 일반적으로 나타낸다고 생각하는 특정한 행동양식을 가리키는 개념이라고 생각하자.

예를 들면 군인, 교사, 경관 등과 같은 직업에 종사하는 사람들은 당연히 그 직업 특유의 행동을 하게 되고, 또 다른 사람들로부터 그러한 것이 기대되기도 한다. 노인과 아이는 여러 가지 이유에서 다른 행동양식을 나타낸다. 따라서 역할이 다르다고 할 수 있다. 이렇게 생각하고 보니, 사회에는 실로 많은 역할이 존재한다는 것을 알아차리게 된다.

역할 중에는 비교적 장기간에 걸쳐 계속되는 것, 예를 들면 남녀의 구별 같은 생득적(生得的)인 것에서부터 계급적인 신분의 차이가 있는 사회에서의 신분, 혹은 각종 직업, 가정 내에서 어른과 아이의 상호 관계 같은 것이 있다.

한편 비교적 단기간밖에 지속하지 않는 역할로서는 기생과 손님의 관계, 같은 전차를 탄 승객간의 관계, 그리고 화자와 청자와의 관계 등 다종다양한 것을 생각할 수 있다.

이러한 역할이라는 개념을 말에 의해 일본인이 자기를 어떻게 취급할까 하는 문제 및 대상(상대)을 어떻게 파악할까 하는 분석에 들어가면, 일본어와 다른 언어, 특히 유럽어와의 구조적인 차이가 명확해질 것이다.

라틴어나 영어에서는 앞에서도 언급했지만 화자는 우선 자신을 일인칭 대명사로 표현하고, 상대를 이인칭 대명사로 부른다. 그러나 대화가 진행되고 대화의 상대가 말을 하기 시작하면 이번에는 그 사람이 일인칭 대명사를 사용하고, 처음의 화자는 당연한 것이지만 청자, 즉 이인칭이 되는 것이다.

이러한 일인칭 대명사와 이인칭 대명사의 교체는, 일인칭 대명사라는 것이 그것을 사용하는 사람이 현재의 화자는 '나' 라는 것을 표명하는 것, 즉 화자의 역할을 말로 나타내는 것에 지나지 않는다. 또 이인칭 대명사로 상대를 부르는 행위는, 지금 이야기를 듣고 있는 청자는 당신이라고 청자로서의 역할을 상대에게 부여하는 성질의 것이라고 생각하면 쉽게 이해할 수 있다.

라틴어나 영어의 일인칭, 이인칭 대명사는 화자나 상대가 각각 가지고 있는 구체적인 성질(지위, 연령, 성별 등)과는 전혀 관계없이, 단지 대화라는 언어활동에 있어서 능동적 행위자와 수동적 행위자라는 아주 추상적인 역할을 나타내는 기능만을 가지고 있는 것이다.

이것은 마치 연기나 연극에 있어서 배우가 자신의 역할을 나타내기 위해서 얼굴에 쓰는 가면 같은 것으로, 역할이 바뀌면 가면을 바꾸는 것에 지나지 않는다. 유럽어에서 인칭대명사가 personal pronoun이라고 불리게 된 것도 원래는 persona 즉 고전극에서 사용되던 마스크와 같은 성질을 가진 대명사였던 것이다.

라틴어의 ego↔ tu, 영어의 I ↔ you의 교환에서 보이는 언어적 인간 관계는 상호 상칭적(symmetrical)인 것이다. 프랑스어, 독일어 등 많은 유럽의 언어에서는 근세에 들어 이인칭에 두 종류의 대명사를 쓰게 되었기 때문에 다소 지금 서술한 원형(原形)에서 벗어난 것은 사실이지만, 인칭대명사란 본질적으로는 앞에서 설명한 성질을 가지고 있는 것이다.

그래서 일본어의 대화를 이러한 역할의 관점에서 보면 어떠한 것을 알 수 있을까. 아버지와 아들의 대화를 예로 보기로 하자. 일반적으로 아버지는 아들과 이야기할 때 자신을 아빠 또는 아버지라고 한다. 아들에게는 이름을 부르거나 '너'라고 한다. 아들은 아버지를 아빠, 아버지라고 하지만, 대명사나 이름은 쓸 수 없다. 그리고 아들은 자신을 '나', '저'라고 하거나 드물게는 이름으로 언급하기도 한다.

이것을 봐도 알 수 있듯이 일본어의 대화에서 자칭사와 대칭사의 사용법은 원칙적으로 서로 대응되거나 대칭되지 않는 것이다.

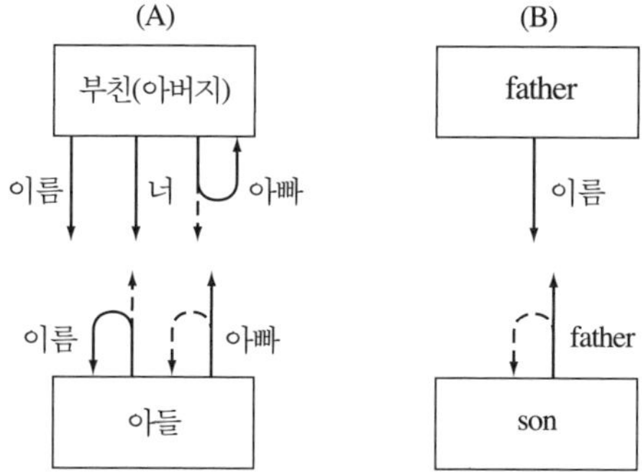

점선으로 나타낸 화살표는 간접 함축적(含蓄的)인 역할 확인
실선으로 타나낸 화살표는 직접 명시적(明示的)인 역할 확인

[그림 14]

그런데 아버지가 자신을 아빠라고 하는 것은 자신이 상대(아들)의 부모라는 역할을 언어적으로 확인하는 것이 된다. 또 이와 동시에, 간접적이고 함축적이기는 하지만 상대에게 자신의 아이라는 종속적인 역할을 부여하는 것이 되기도 한다. 왜냐하면 아버지라는 개념은 아이(아들, 딸)이라는 개념과 대립되어 성립하는 것이고, 아버지는 자신의 아이에게만 자신을 언어적으로 아버지라고 표현하는 것을 허락하기 때문이다.

마찬가지로 아들 쪽에서 아버지를 아빠라고 부르는 행위는, 이중의 역할 확인이 포함된 것이라고 할 수 있다. 그 첫째는 직접 명시적으로 청자에게 부모로서의 역할을 부여하여 확인하는 것이고, 다른 하나는 아이가 상대(아버지)를 아빠라고 부름으로써 간접 함축적으로 자신이 상대의 아들로서의 역할을 취할 용의가 있다는 것을 표명하는 것이 된다. 왜냐하면 어떤 사람을 아빠라고 부를 수 있는 사람은 그 사람의 아이뿐이기 때문에 아빠라고 부름으로써 자신이 자식이라는 것을 표명하는 것이 되기 때문이다.

더 나아가 이 두 사람의 대화에서 아버지가 자식을 이름으로 부르는 것도 그가 상대(자식)에 대해서 상위자의 역할을 취하겠다고 표명한 것이 된다. 마찬가지로 아버지 쪽에서만 상대를 인칭대명사로 부르는 것도 그의 상위자로서의 역할 확인을 강화하는 것이 된다. 이러한 관계를 도식한 것이 [그림 14]이다.

요컨대 아버지가 자식과 이야기할 때 아버지 쪽에서 자신이 가지는 역할 (즉 상위자의 역할) 확인이 직접 명시적으로 3가지 언어 수단으로 나타나고, 간접 함축적으로는 한 가지 언어 수단으로 총 4가지 수단으로 이루어지고 있는 것이다.

한편 자식 쪽에서는 자신이 하위자 역할을 나타낸다는 확인은 직접적으로는 2가지, 간접적으로도 2가지, 합계 4가지가 말로 표명되고 있다. 그 때문에 이 두 사람의 대화에서는 8종류의 다른 수단으로 상호역할 확인 및 역할부여가 이루어지고 있는 것이다([그림 14] A).

물론 이 두 사람간의 자칭사, 대칭사는 이것만 쓰는 것이 아니다. 단지 설명을 간단히 하기 위해서 역할 확인과 직접 관계 있는 것만을 거론한 것에 지나지 않는다.

그런데 이와 같은 부자(父子)의 경우를 영어권 사람들의 경우에 비추어 생각해 보자. 일본어의 경우와 달리, 대부분의 경우 대화는 앞에서 언급한 것처럼 I ↔ You의 상대적인 상호교환으로 이루어지기 때문에 부모와 자식의 역할 확인이라는 점에서는 단지 아버지만이 자식을 이름으로 부르는 것과, 자식이 아버지를 father(daddy, dad, etc.)이라고 부르는 것만이 문제시되는 것이다([그림 14] B).

자식이 아버지를 father라고 부르는 것에 의한 역할 확인은 일본어와 같이 직접적, 간접적 2가지 의미를 가지고 있다. 다만 일본어와 다른 경우로서 조금 특수한 상황으로 아버지가 자식을 son(sonny)이라고 부를 때가 있다. 이것은 부자지간의 일체감을 아버지가 강하게 느낄 때라든가, 평소보다 자식이 더 귀엽다고 느꼈을 때 사용한다. 그러나 그것은 자식이 아버지를 father라고 하는 것이 보통이라는 것과 비교하면 아주 한정된 용법이다. 아버지만이 자식에게 이름을 사용하는 것이 가능한데 이것은 일본어의 경우와 똑같고, 명시적 · 직접적인 아버지의 상위자로서의 역할 확인이 되는 것이다.

이런 식으로 생각하면 영어권의 부자지간에는, 말에 의한 상호 역할 확인이란 자식으로부터 직접, 간접 2가지, 아버지에서 자식으로의 직접적인 것이 한 가지 합계 3가지가 보통인 셈이다. 아주 특별한 경우 아버지가 자식에게 son이라고 부르기 때문에 2가지 더 추가된다고 생각할 수 있다.

그런데 이것을 항상 8가지 경우로 역할 확인을 하고 있는 일본어의 경우와 비교해 보니 일본인이 평상시 대인 관계 속에서 얼마나 상하의 역할을 중시하고 있는가 하는 점을 이해할 수 있다.

물론 역할 부여나 확인이라는 것은 말 이외의 방법에서도 행해지기 때문에, 언어상의 차이가 곧바로 사회생활 속에서 피차의 역할에 대한 사고의 차이와 연관되는 것은 아니다. 그러나 언어라는 행위는 다른 행동에 비해 분절(分節)적이면서도 명시적인 성질이 강하기 때문에 대인 관계가 바뀔 때마다 말로 역할이 확인되는가, 되지 않는가는 상당한 차이를 가지는 것이라고 생각할 수도 있을 것이다. 추상적인 화자의 역할만 명시하고도 대화를 진행해 갈 수 있는 서구어와 비교하여 일본어에서는 모든 자칭사, 대칭사는 인간 관계의 상하분극(分極)에 근거한 구체적인 역할의 확인으로 이어지는 것이다.[19)]

역할의 고정화와 일원화

우리들 인간이 가지고 있는 여러 가지 성질이나 자격은 크게 두 종류로 나눌 수 있다. 하나는 연령, 성별, 계급사회에서의 신분 같은 생득적(生得的)인 것, 즉 당사자의 선택의 의지 여하에 상관없이 주어진 것이다.

---

19) 근년 'おたく'라는 말이, 타인에 대한 이인칭 대명사로서 쓰이게 되었다. 이것은 화자가 상대를 상하 관계의 축 개념으로 취급할 필요가 없을 경우, 즉 무색의 대명사를 쓰고 싶을 때 사용하고 있는 것 같다.

다른 하나는 자신의 힘으로 손에 넣은 획득적인 것인데, 이것은 당사자의 의지에 의한 선택과 관련되는 것이다. 인간 관계의 영역에서 이것을 생각해 보면 혈연 관계는 생득적인 관계이고, 약속이나 계약으로 맺어지는 관계는 획득적인 관계이다.

그런데 문화나 사회 조직이 다르면 사람들이 이 두 종류의 자격 중 어느쪽에 더 큰 가치를 두는가 하는 점도 달라진다. 종신고용, 연공서열, 남존여비의 경향이 지금까지 계속되고 있는 일본은 생득적인 자격에 큰 가치를 두는 사회로서, 미국같이 개인 능력, 직업, 그리고 빈부의 차까지 획득적인 것으로 생각하는 사회와 아주 대조적이다.

그러나 생득적인 것과 획득적이라는 것은 성별, 연령과 같이 객관적 증거가 있는 것은 별도이고, 실제로는 그 사회 구성원들의 해석의 결과인 경우가 적지 않다. 즉 어떤 인간이 가지고 있는 성질, 인격, 상태를 어느쪽으로 해석하느냐 하는 것은 실제로 조사해 보지 않으면 모르는 것이다.

일본인은 생득적인 성질과 관련된 역할과 획득적인 조건과 관련된 역할 중 어느쪽을 중시할까하는 점에 대해 2, 3가지 언어적 사실을 통하여 생각해 보고자 한다.

현재 일본에서는 부부가 서로를 파파, 마마 혹은 '아버지'(おとうさん), '어머니'(おかあさん)로 부르는 경우가 압도적으로 많다. 그러나 신혼 당시는 서로를 이름으로 불렀다는 부부도 꽤 있었다. 특히 남편은 부인을 이름으로 부르고, 부인은 남편을 '당신'(あな

た)이라고 하는 대명사로 부르는 경우가 보통이다. 그런데, 이러한 부부에게 아이가 태어나면 곧바로 서로의 호칭이 거의 '파파', '마마', '아버지', '어머니'로 변해 버린다. 이러한 것은 어떻게 해석해야 할까?

결혼하여 부부가 된 남녀는 일종의 계약에 의한 관계에 들어갔다고 생각할 수 있다. 남편의 역할과 아내의 역할은 양자가 선택한 역할이기 때문에 반은 의식적인 노력을 필요로 한다. 따라서 아이가 태어나기 전까지 부부만의 결혼상태는 일종의 긴장과 같은 불안정함을 내포하고 있는 상태라고 생각할 수 있다.

그래서 아이가 태어나면 남편은 아이의 아버지가 되고 아내는 아이의 어머니가 되는 것이다. 이 아버지, 어머니라는 역할은 이미 선택하여 행하는 역할이 아니라 주어진 역할이다. 일단 한 아이의 아버지가 되고, 어머니가 된 사람은 이미 자신의 의지로 이 관계를 해소시킬 수는 없는 것이다. 부모와 아이의 관계는 적어도 일본인에게서는 의지에 의한 선택성이 개입되지 않을 뿐 아니라 남편과 아내의 관계보다도 안정도가 높은 것으로 느껴진다. 그래서 부부는 서로 지금까지의 횡적인 관계를 자신들의 아이를 기준으로 한 종적인 관계, 즉 서로 같은 아이의 아버지, 어머니라는 주어진 관계로 새롭게 조직함으로써 안정상태에 들어가려는 것이다. 이러한 심리 변화가 서로의 호칭이 아버지, 어머니 개념을 포함한 타입으로 변하는 것에 반영되어 있다고 볼 수는 없을까?

만약 이러한 해석이 맞는다면 일본의 부부는 서로가 남편, 부인으로서 행동하기보다 아이의 아버지, 어머니로서 행동하는 경우가 많아야 하는데 실제로 일본의 부부를 미국의 부부와 비교해 봤을 때 일본의 결혼한 남녀는 남편, 아내이기보다도 아버지, 어머니로서 행동하는 경우가 훨씬 더 많다고 생각한다.

미국 사회에서는 주어진 역할, 자신의 의지로 선택하지 않은 역할보다도 스스로 선택한 역할에 중점을 두는 편이다. 특히 부부는 일본인의 입장에서 보면 놀랄 정도로 아내나 남편 역할에 치중한다.

그들의 결혼은 주로 반지라는 상호 구속적인 증표를 교환하는 데서부터 시작하여, 부부 관계를 유지 · 보전하기 위하여 끊임없이 상당한 노력을 하고 있다. 늘 애정을 나타내는 말을 주고받을 뿐 아니라 생일, 결혼기념일에 부부가 서로 선물을 주고받는 것은 결혼이라는 계약상태를 재확인하고, 강조하기 위한 일종의 의례(Ritual)에 지나지 않는다. 따라서 이러한 명시적인 애정표현을 잊어버리거나, 정도가 식거나 하면 그것은 곧바로 결혼상태의 파국을 의미하게 되는 것이다.

일본인 부부는 거의 명시적인 애정표현을 하지 않을 뿐 아니라 사회적으로 정형화(定刑化)된 영어의 honey, darling 같은 사회 인류학자가 말하는 달콤한 말(saccharine term)도 없다. 이것은 일본인에게 결혼상태란 끊임없이 상호 애정을 확인하면서 유지해 가려는 다이내믹한 직접적이고 계약적인 인간 관계가 아니라 오히려 부정이나 해소가 원칙적으로 불가능한 부모 자식 관계라는 불변의 관계, 그 자체가 이미 주어진 인간 관계라고 파악하고 있는 것이 아닐까?

역할과 관련하여 하나 더 주목할 만한 일본인의 특징적인 행동 양식이 있다. 이것은 곧 뒤에서 언급할 대상(相對)의존형의 자기규정과 깊은 관계가 있지만, 서로 용납되지 않는, 경우에 따라서는 상반된 행동을 우리들에게 요구하는 듯한 자격이 다른 두 사람 이상의 상대와 동시에 교섭을 가지는 것을 아주 싫어한다는 사실이다.

일본에서 대학 분쟁이 한창일 즈음에 우리 대학교수들 사이에서도 일종의 반성 무드가 있었다. 연구면에서는 말할 것도 없고 교육면에서의 개선책이 문제시된 적이 있다.

필자는 그때 대학교수들이 서로의 수업을 청강하는 방법을 하나의 해결책으로 제안해 보았다. 교수법이라는 점에서도 지식이라는 점에서도 자기가 제일이라고 뽐내는 대학 강사가 동료의 강의를 들어봄으로써 여러 가지 점에서 얻을 것도 있을 것이고, 강의하는 쪽에서도 자신의 솜씨를 보일 수 있어서 좋지 않을까 하는 것이 필자의 이유였다. 그런데 이 제안에 대해 아주 흥미로운 반대의견이 나왔다. 우리 교수들은 교실에서 학생들을 교육하기 위해 강의하고 있는 것이다. 그런데 만약 동료나 선배들이 참가하면 그만 무심결에 좋은 점을 보이고자 하는 생각에 전공 연구발표같이 되어버려 교육적으로는 바람직하지 못하다는 것이다.

미국이나 캐나다의 대학에서, 동료나 선배로부터 강의를 청강하고 싶다는 신청이 있을 경우 교수들은 하나같이 영광으로 생각해 기뻐하는 것을 본 필자는 이러한 점에서도 다시 한 번 문화의 차이가 드러나는 것 같은 느낌이 들었다.

일반적으로 북미 사람들은 동료나 선배라도 한 번 자신의 강의를 청강한 사람은 학생 취급한다. 질문도 하고, 세미나에서는 지명하여 학생과 똑같이 시킨다. 교실 밖의 사회적 지위나 인간 관계를 교실 내에 가져오지 않을 뿐 아니라, 가르치는 자와 배우는 자라는 계약 관계로 쉽게 들어가고 만다.

학생 취급을 당하는 교수 쪽도 아무런 거리낌없이 질문도 하고 토론도 벌인다. 일본에서는 이렇게는 되지 않는다. 간단히 말하면 수업을 하기 어렵게 된다.

동료나 선배뿐만이 아니다. 자신의 자식이나 처와 같은 가족이 참가해도 일본에서는 강의가 잘 되지 않는다. 자기 자식이 학생이 되어 교실에 있으면 왠지 어색하다고 하면서 담당을 동료와 바꾸는 교사가 있을 정도이다.

미국에서는 자식은 물론 부인이 남편의 수업에 학생으로서 참가하는 경우가 드물지 않다. 일본인이라면 멋쩍어서 하기 어렵다고 할 것이다. 일본인에게 선배 대 후배, 동료끼리, 부자(父子)와 부부 등의 관계는 상호 역할에 대한 기대가 고정적이어서 때와 장소에 따라 다른 역할로 바뀌는 것이 어려운 것이다.

A와 B가 남편과 부인인 경우, 이 동일한 AB라는 인간 관계의 짝(pair)은 교사 대 학생 관계로 교체되지 않는 것이다. 같은 이유로 학생 중에 선배 교수가 섞여 있다면 교사의 입장이 난처해지고

만다. 선배에 대한 자신의 역할과 자기규정이 다른 학생에 대한 자신의 역할과 자기규정과 충돌해 버리고 마는 것이다. 언어적으로도 자신을 '나'라고 해야 할까 '저'라고 해야 할까라는 문제가 대두되는 것이다.

학생 중에 자기 부인이 있을 경우에는 더 곤란하다. 일반적으로 일본인의 부부 관계는 사적인 성격이 강하다. 공적인 장소에서는 서로가 가능한 한 아무 관계도 없는 것처럼 행동하려고 하는 것도 그 때문이다. 그래서 아직까지도 직장에 부인이 나타나거나 전화가 걸려오는 것을 아주 싫어하는 사람이 많다. 자신과 처와의 관계와, 자신과 직장 사람들과의 관계와는 서로 다른 이질적인 관계인 것이다. 요컨대 우리 일본인들의 특정한 사람들끼리의 인간 관계는 본질적으로는 이항적(二項的)이고 고정적인 것이다.

이에 비해 미국인의 경우는 훨씬 다항적(多項的)이고 유동적인 면이 강하다. 그 때문에 남편과 부인이 학생과 교사 사이가 되기도 하고, 때로는 친구이기도 하고, 나아가서는 경쟁자가 되기도 한다.

미국의 대학원생은 박사학위를 받고 좀 지나면 이전에 자신의 선생이었던 교수라도 존칭 없이 이름으로 부른다. 미국에서는 동료(colleague)라는 개념을 선배, 후배, 연령의 차이 등을 초월하는 평등한 자격이라고 생각하기 때문이다.

이에 비해 필자는 대학 졸업 후 20년 이상 지난 지금에도 옛날 가르침을 받았던 노교수를 교수님이라고밖에 부를 수 없다. 이처럼 일본인의 특정한 짝(pair)이 역할로 고정되어 때와 장소, 시간의 경과 등에 따라 변하기 어려운 것은 언어적인 상호 규정이 너무나도 구체적인 구조를 가지고 있기 때문이다.

대상(상대) 의존의 자기규정

'저' 나 '나' 처럼 화자가 자신을 가리켜 사용하는 말은 생각해보면 화자가 언어라는 일종의 좌표 축 내부에서 자기 자신의 위치를 확실히 하는 행위라고 말할 수 있다. 즉 언어에 의한 자기규정인 것이다. 인도 · 유럽 계통의 언어나, 터키어, 아라비아어 등과 같이 화자가 자신을 언급하는 말, 즉 자칭사가 실제로는 거의 일인칭 대명사에 한정된다. 이러한 언어에서 이 일인칭 대명사의 역할이란 간단히 말하면 자신이 화자인 것을 말로 명시하는 기능이라고 할 수 있다. 지금 말하고 있는 것은 다른 사람이 아니라 바로 '나' 라는 것을 나타내는 것에 지나지 않는다. 그리고 화자에 대한 이것 이외의 정보는 아무것도 나타내지 않는 것이다. 즉 라틴어에선 'ego' 라고 하고, 영어에서는 'I' 라고 하는 행위의 의미인 것이다.

이러한 성질의 자칭 행위의 특징은 화자의 언어적 자기규정이 상대 및 주위의 상황과는 관계없이 자발적이고 독립적으로 행하여진다는 것이다. 즉 상대가 존재하지 않아도 관계없는 것이다. 그뿐 아니라 상대의 존재를 인식하기 앞서 자신의 인식이 언어에 의해 이루어지는 것이라고 해야 할 것이다.

왜냐하면 화자가 자신을 이렇게 능동적 언어행위자로서 언어적으로 확인한 결과로서의 ego(I)가 정해지고, 이로 인해 이 ego에 대립하는 대상으로서의 청자가 수동적 언어행위자로 언어적으로 tu(you)로서 파악되기에 이르는 것이다. 인식의 순서면에서 보면 ego → tu(영어 같으면 I → you)로 되는 것이다.

그런데 일본어의 경우는 이 순서가 정반대로 되어 있는 것 같다.

예를 들면 가정 내에서 자신을 아빠라고 말하는 사람의 경우를 보자. 자신을 언어적으로 아빠라고 규정하기 위해서는 우선 그 본인에게 아이가 있어야 하고, 다음으로 눈앞에 있는 상대가 자신의 아이라는 인식이 있어야 한다. 자신을 보고 있는 이 아이의 입장에 자신의 입장을 동조시켜 비로소 그는 자신을 아빠로 규정지을 수 있는 것이다. 그 때문에 다른 사람에 대해서는 아빠도 아무것도 아닌 것이다. 따라서 이 경우 그는 특정 상대로부터 자신을 언어적으로 규정짓는 것이 된다.

유럽어의 경우와 달리 대상(상대)의 규정이 자신의 규정에 선행한다는 것은 이러한 경우를 말하는 것이다. 초등학교 선생이 학생에게 말할 때 자신을 선생님이라고 할 수 있는 것도 같은 구조이다. 나아가서 허구적 용법으로 전혀 모르는 아이에게 말을 걸때, 화자가 자신을 '언니', '아저씨' 라고 하는 것도 상대로부터 자신을 본다면 자신은 그 아이의 무엇에 해당할까 하는 점을 생각한 것이다.

상대가 누구이든, 상대가 존재하든 않든 간에 우선 자신을 화자

즉 능동적 언어사용자로서 규정짓는 인도 · 유럽어 등의 절대적 자기규정과 비교하면 일본인의 일본어에 의한 자기규정이 상대적이고 대상 의존적인 성격을 가지고 있다고 주장하는 필자의 근거는 여기에 있다.

이것은 일본인이 자칭사로서 소위 일인칭 대명사를 사용하는 경우에서도 들어맞는다. 예를 들면 일본의 성년 남자는 상황에 따라, 상대에 따라 'わたし'(私)와 'ぼく'(僕), 'ぼく'(僕)와 'おれ'(俺) 등을 나누어 쓰고 있다. 이것은 자신과 상대방 사이의 권력의 차, 친소(親疎)의 정도 등을 반영하여 쓰고는 있지만, 이것도 특정의 상대를 보고 정하는 이상 대상의존형의 언어적 자기규정이라는 점에는 변함이 없는 것이다.

이렇게 생각하니 일본어에서의 자기 자신은 특정의 대상, 구체적인 상대가 출현하여 그 정체를 화자가 결정하기까지는 말하자면 좌표 미결정인 불안정한 상태에 있다고 할 수 있다.

일본어에 나타난 이와 같은 자기규정의 대상 의존적인 구조는 우리들 일본인이 모르는 사람과 쉽게 이야기하는 것을 즐기지 않는 행동양식과 관계 있는 것 같다. 상대의 속성을 모르면 상대와 자신의 관계가 결정되지 않는다는 것을 의미한다. 따라서 화자인 자신은 불안정한 미결정상태에 놓여서 안정된 인간 관계를 만들기 어려워진다.

일본인에게 속성을 모르는 가장 먼 상대는 외국인일 것이다. 전형적인 단일 민족사회에서 자란 일본인은 외국인을 한 번 보고는 상대가 어떠한 사람인지를 파악하지 못하는 것이다. 그래서 푸른 눈(碧眼)의 외국인 앞에서는 쇼크에 의한 거부반응 때문에 상대를 파악하는 기능이 일종의 마비상태에 빠지는 것이다.

도쿄에서 오랫동안 체재한 경험이 있어 일본어도 잘하는 벨기에 신부 그로터스 씨는 (그는 언어학자이기도 하다) 『誤解』[20]라는 아주 시사성이 높은 책을 낸 적이 있다. 그 책 속에 매일 한결같이 지나다니는 근처 빵집에서는 "빵 하나 주세요"라고 하면 통하는데, 긴자에 있는 어떤 빵집에서 같은 발음으로 같은 말을 해도 통하지 않은 적이 있었다고 한다.

시골에 갔더니 얼굴 형태가 다르다는 이유만으로 이야기가 전혀 통하지 않았다는 것이다. 자신은 일본어로 말하는 데도 상대방은 손을 흔들면서 "나 영어 몰라요"를 반복하더라는 것이다.

이 외국인에 대한 일반적인 일본인의 콤플렉스라고 할까, 심리적인 동요에 관하여 지난번 『언어생활』[21]이라는 잡지에 아주 재미있는 기사가 실려 있었다.

국립 국어연구소의 다카다 마코토(高田 誠) 씨가 도쿄 사람들이 도대체 어느 정도 영어를 할 수 있는가에 대해서 조사한 이야기이다.

다카다 씨와 일본 대학의 강사인 T. E. 휴버 씨가 도쿄 시내를 걸으면서 미리 준비한 몇 개의 간단한 질문을 휴버 씨가 영어로

---

20) W. A. 그로터스/紫田 武, 『誤解』, 삼성당 新書 4, 1967.

21) 高田 誠, "Can you speak English?" 『언어생활』 제256호, 筑摩書房, 1973.

지나가는 사람에게 묻고, 다카다 씨가 옆에서 모른 척하면서 관찰 기록한 것이다.

긴자(銀座)와 혼고(本鄕), 그리고 신주쿠(新宿)의 세 곳에서 약 60 명 정도 물어본 결과 어쨌든 이야기가 된 사람은 겨우 몇 명뿐이었다는 것이다.

그것은 그렇다 치고, 다카다 씨가 결론 부분에 미국인 휴버 씨에 대한 일본 사람들의 반응 태도에 대해서 서술한 것이 있는데 필자가 아주 흥미롭게 생각한 것을 결론 부분이다.

> … 전체적으로, 모르는 척하고 가버리는 사람은 별도로 하고, 멈추어 서서 답하는 사람이 좀더 '당당한' 태도를 취해 주었으면 하는 바람이었다. 왠지 모르게 위축되고, 주눅이 든 것같이 행동하는 것이다. 영어를 말할 수 없는 것은 그 사람의 인격에 아무런 영향도 주지 않기에, 슬슬 도망치거나, 이상하게 어깨를 치켜올리거나 히죽거리거나 하지 말고, 당당히 상대를 보면 좋겠다고, 옆에서 관찰하면서 답답해서 견딜 수가 없었다.

다카다 씨가 여기서 예를 든 이상하게 어깨를 으쓱 치키거나, 슬슬 뒤로 도망가는 등, 사람들이 취한 이러한 행동은 실로 심리적으로 불안정한 상태에서 탈출하려는 노력을 나타내는 동물습성학에서 말하는 전위(傳位)행동의 일종이라고 볼 수 있다.

그런데 대상의존형의 자기규정이란 다른 말로 하면 관찰하는 자신의 입장과 관찰당하는 대상의 입장이 엄격히 구별되지 않고 오히려 양자가 동화되는 것을 의미한다. 일본 문화와 자주 대비되는 서구의 문화가 관찰자와 대상의 구별, 즉 자타의 대립을 기초로 하는 데 비해 일본의 문화, 일본인의 심정이 자신을 대상에 몰입시켜 자타의 구별을 초월하려는 경향이 강하다고 하는 점은 종종 지적되는 부분이고, 일본어의 구조 속에서 이러한 사실을 뒷받침하는 요소가 있다고 할 수 있을 것이다.

우리들 일본인은 상대의 기분, 다른 사람의 생각을 고려하기 전에 자신은 이러이러하게 생각한다는 자기주장을 확실히 하는 것을 잘하지 못하는 편이다. 상대방이 어떻게 나오는가, 타인의 의견을 근거로 하여 그것과 자신의 생각을 어떻게 조화시킬까 하는 쪽으로 생각하는 경향이 강하다.

그뿐 아니라 타인이 어떠한 의견이나 희망을 말하기도 전에 먼저 상대방의 기분을 알아차려, 자신의 행동을 그것에 맞추어 나가는 경우가 적지 않다. "남을 생각한다", "상대방의 입장을 잘 이해한다", "알아서 행동한다" 등의 표현이 남을 칭찬하는 말이고, 또 유럽어로 직접 번역할 수 없는 점을 봐서도 대상에 대한 자기동화가 일본인에게 미덕이기조차 하다는 것을 알 수 있다.

또 '친절의 강매' 나 '달갑지 않은 친절' 이라든가 "남의 기분도 모르고, 잘도 논다"는 식의 표현이 있는 것을 보더라도 상대방의 기분이나 희망을 우선하는 것이 평소 보통으로 행해지는 사회라는 것을 알 수 있다. 또 그러한 사회가 아니면 이러한 말들은 의미를 갖지 못하는 것이다. 일본 문화가 '남을 생각하는 문화', '알아서 행동하는 문화' 라고 찬양하는 것은 이러한 점에 대한 칭찬인 것이다. 자신을 상대에게 동조시켜 상대의 기분을 맞추어 주는 것이 중요하기 때문에 정면으로 대립하는 개인과 개인 사이의 의견 교환, 양자의 이해 조절로서의 언어의 기능은 극도로 억제되고 있다. 이러한 타입의 커뮤니케이션은 잘못되면 상대방의 속을 들여다보고, 남의 마음을 미리 헤아려 읽어 결국에는 "남의 일을 쓸데없이 걱정하는" 데까지 전락하게 된다. 또 반대로 "동석한 낯선 손님에게 신경을 쓰라" 라고 하는 다도(茶道)의 철학적인 경지에까지 상승할 가능성도 포함하고 있다.

대상동화의 심적 구조는 자타의 구별을 초월하는 것에 그 가치를 두는 것이기 때문에, 이것은 또 정신병리학자 도이 다테로(土居健郎) 씨가 제창한 세계에서도 아주 드문 '응석' 의 정신풍토와도 관련된다. 이러한 개인과 개인의 융합을 가능하게 하는 것은 너무나도 동질적인 문화, 민족, 종교를 가지고 있기 때문이라는 설은 자주 지적되어 왔기 때문에 여기서 깊이 언급할 필요는 없다고 생각한다.

단지 끝으로 덧붙이고 싶은 것은 일본인이 국내에서 일본인을 상대로 하는 한 응석이든 대상동화든 간에 그것은 나름대로 유효하게 기능하고 있기 때문에 문제는 없지만 일단 일본인이 아닌 상대와 접하게 되면 이 일본적 특성은 유효성을 잃어버리고 만다는 점이다.

상대에게 동화되어 응석부리는 것에 익숙해 있는 일본인은 결국 자신을 상대에게 투사(投射)하여 상대에게 의존해 버린다. 그리고 상대도 또 이쪽에 동조해 줄 것을 기대하고 마는 것이다.

강렬한 자기주장을 펴지 않고, 상대가 자신을 알아주기를 바라는 것이 그 상대가 일본인이 아니라면 무리라는 사실을 일본인은 잘 모르고 있다. 더구나 앞에서 언급한 것처럼 우리들은 상대방이 어떠한 사람이라는 것을 잘 모르는 상태에서는 자신의 의견이나 주장 같은 것을 확실히 말하지 못하는 경향이 있다. 그래서 일본의 대외적인 교섭은 외교, 정치, 경제의 모든 면에서 뒤떨어지게 되는 것이다. 대세(大勢)가 어디를 향하고 있는지를 알지 못하는 상황에서는 자신의 위치를 정할 수 없기 때문이다.

일본인이 외국어를 잘하지 못하고, 국제회의에서도, 학회에서도 제 실력을 충분히 발휘하지 못하는 것은 어학력 그 자체의 문제보다도 오히려 자신을 언어로 충분히 표현하고자 하는 의지의 약함, 그것도 상대의 주장이나 기분과는 독립하여 자신은 적어도 이렇게 생각하고 있다고 하는 자기주장의 약함에 기인하는 것이라고 볼 수 있을 것이다.[22]

22) 역할의 일반화와 고정화 및 상대 의존의 자기규정의 문제는, 鈴木孝夫, 「일본인의 언어의식과 행동양식」이라는 제목으로 『사상』 제572호(1972년 제2호), 岩波書店에 발표한 것이다.

마무리

이 책에서 필자가 다루었던 문제는 과거 십수년 동안 게이오(慶應)대학을 비롯하여 도쿄대학, 사이타마대학, 가쿠슈인대학, 아오야마가쿠인대학, 오키나와대학, 도호쿠대학 그리고 미국 일리노이대학에서 언어학뿐 아니라 인류학, 국어국문학, 영어영문학 그리고 사회학 등의 여러 학문을 전공하는 학생에게 필자가 강의하고, 또 같이 논의한 화제를 중심으로 하고 있다.

또 이러한 테마의 대부분은, 그때마다 학회지 논문으로서 혹은 수필 형태로 여러 잡지에 기고한 것이다. 이를 각주로 처리하였다.

필자는 이 책에서 가능한 한 본인의 강의 진행방법, 이야기하는 방법을 재현하려고 노력했기 때문에 원래의 논문에 포함되어 있는 상세한 논증 등에 대해서는 전부 생략하였다.

책을 쓰는 데 별로 익숙하지 않고 논문만 쓰고 있던 필자에게 쉽게 쓴다는 것이 얼마나 어려운가 하는 것을 이번만큼 깨달은 적은 없었다. 그리고 때로는 말로 할 수 없는 불안에 빠지기도 했다. 이 작은 책을 쓰기 시작한 지 8개월 정도가 지나고 말았다. 도중에 그만둘까 하고 생각한 적이 한두 번이 아니었다. 써야 할 재료는 충분히 있다. 자료도 갖추어져 있다. 그런데도 불구하고 쓰기 시작하면 문장이 죽어 있는 것을 필자 자신도 확실히 알 수 있는 것이다. 왜 이렇게 되는가 하는 점에 대해서 여러 면으로 생각해 보았다. 그리고 문득 떠오른 것은 상대가 그곳에 없다고 하는 사실이었다.

필자는 읽는 것, 생각이 난 것을 만나는 여러 사람과 이야기하는 버릇이 있다. 이야기하는 가운데 상대의 반응에 따라 생각이 계속해서 이어지는 것이다. 가족이거나, 대학동료이거나 필자에게 붙잡히면 내가 지금 무엇을 생각하고 있는지에 대해서 장시간 듣고는 입을 다물어 버린다. 책을 쓸 때는 이러한 피드백이 전혀 불가능해진다.

쉽게 쓰려는 것은 그냥 평이하게 알기 쉽게 설명하는 것이 아니라 읽는 사람의 마음의 동요를 끊임없이 염두에 두어야 한다는 것을 뒤늦게나마 알아차렸다.

이러한 점을 알아차린 필자는 거의 모든 것을 꽤 마음 편하게 쓸 수 있었다. 결과의 좋고 나쁨에 대해서는 필자가 결론을 내릴 문제는 아니지만, 만약 이 소책자가 독자 여러분에게 조금이나마 말에 대한 흥미를 갖게 할 수 있다면 그것은 나의 이야기를 잘 들어준 친구, 동료 여러분의 덕분이라고 생각한다.

역자 후기

이 책은 스즈키 다카오(鈴木孝夫)의 저서인 『ことばと文化』(岩波新書. C98. 1973)를 한글로 번역한 것이다.

저자는 이 책을 통해 말이라는 것이 얼마나 문화적인 요소를 갖고 있고, 또 문화로서의 말이 말 이외의 문화와 어떻게 관계하는가를 평이한 문체로 설명하려고 하였다.

그리고 말과 문화의 연구 입문서로서 단순한 사실의 나열에 그치지 않고 말과 문화가 갖는 학문 특유의 견해를 제시하려고 노력하였다. 또한 저자 고유의 말에 대한 생각과 독특한 연구 방법론을 통한 전개, 그리고 구체적인 실례를 통해 대담하고 상세하게 기술(記述)한 점은 대단히 높이 평가받아 마땅할 것이다.

저자인 스즈키 다카오 선생님은 게이오대학 의학부 예과까지 졸업하였지만 곧바로 문화부로 옮겨 영어영문학을 전공하며 말 연구에 깊은 관심을 갖고 언어학에 심취하였다.

이 책은 저자의 말 연구의 시발을 알리는 작품으로서, 젊은 시절에 10여 년에 걸쳐 강의하고 토론하였던 내용들을 중심으로 학회지나 잡지 등에 기고했던 것을 모아서 내놓았다고 한다. 저자는 이 책을 시작으로 말과 관련된 깊이 있고 다양한 주제의 글들을 수없이 내놓았다.

『말과 사회』, 『무기로서의 말』, 『일본어와 일본문화의 고찰』, 『나의 언어학』, 『말의 사회학』, 『일본어와 외국어』 등 저서의 제목만 살펴보아도 말에 관련된 저자의 관심사를 충분히 엿볼 수 있다.

역자는 1987년 봄에 이 책을 접하게 되었다. 언어학 연구의 초년생으로서 박사과정에 재학중 여러 명의 대학원생들과 한 달에 걸친 윤독회(輪讀會)를 통해 처음부터 끝까지 이 책을 꼼꼼하게 독해하였던 기억이 떠오른다. 젊은 시절 이 책과의 만남은 역자로 하여금 언어학을 전공하면서도 늘 문화와의 관계를 생각하게 하는 지침서가 되었다고 생각한다.

누구라도 이 책을 접하게 되면 말과 문화에 관한 흥미와 궁금증을 더할 수밖에 없으며 말을 언어행동요소와 비언어행동요소까지, 그리고 말과 문화와의 만남을 통해 인간은 보다 풍요로운 삶을 영위하게 된다는 단순한 진리를 다시금 되짚어 볼 수 있을 것이다.

이 책은 영어판과 독일어판이 이미 역서로 출판되었다. 역자는 저자인 스즈키 다카오 선생님을 1997년 도쿄에서 만나게 되어 선생님의 자택까지 안내받아 말과 문화, 그리고 인간에 대한 많은 이야기를 나누었는데 선생님께서는 『언어로 살펴본 일본 문화』의 한글판에 대한 큰 기대와 따뜻한 성원을 보내 주셨다.

이 책을 번역함에 있어서 한림대학교의 일본학연구소 소장이셨던 지명관(池明觀) 교수님께 감사의 말씀을 드리고 싶다. 역자의 유학 시절에 집중강의를 통해 많은 것을 일깨워 주셨고, 또한 새로운 세계에의 도전에도 큰 격려를 보내주셨기 때문이다.

끝으로 역자의 개인적인 사정으로 원고가 몇 번이나 늦어졌음에도 늦게까지 기다려 주신 연구소 관계자 여러분께 고마운 말씀과 사과의 말씀을 함께 전하고 싶다.

이길원

저자 스즈키 다카오(鈴木孝夫, 1926~)

도쿄에서 태어났고 1950년 게이오대학(慶應大學) 문학부 영문과를 졸업했다. 미시건대학에서 유학한 후 일리노이대학 · 케임브리지대학 · 오스트레일리아국립대학 등의 객원교수를, 러시아과학아카데미 동양학연구소의 객원연구원 등을 지냈다. 현재는 게이오대학 명예교수이다. 저서로는 『언어로 살펴본 일본문화(ことばと文化)』(1973), 『말과 사회(ことばと社會)』(1975), 『무기로서의 말(武器としての言葉)』(1986), 『일본어교로의 권유(日本語教のすすめ)』(2009) 등 다수가 있다.

역자 이길원(李吉遠)

충청남도 예산에서 태어나 1983년 한남대학교 문과대학을 졸업했고 1987년 요코하마국립대학 교육학연구과를, 1990년 오사카대학 문학연구과 박사과정을 수료했다. 현재 동아대학교 중일학부 일본학전공 교수로 재직 중이다. 논문 및 저서로는 「韓日兩言語の受身構文」(1991), 「The Role of the Korean People in New Millenium from the Perspective of a Researcher on Japanology」(2009), 「아메노모리 호슈(雨森芳洲)의 언어관과 국제교류」(2013), 『일본어문법』(2015), 『기초일본어 생활언어문화 편』(2017) 등 다수가 있다.

한림신서 일본학총서 발간에 즈음하여

1995년은 제2차 세계대전이 끝나고 우리나라가 일본 식민지에서 해방된 지 50년이 되는 해이며, 한 · 일간에 국교정상화가 이루어진 지 30년을 헤아리는 해이다. 한일 양국은 이러한 역사를 되돌아보면서 앞으로 크게 변화될 세계사 속에서 동북아시아의 평화와 번영을 추구해야 하리라고 생각한다.

한림대학교 일본학연구소는 이러한 역사의 앞날을 전망하면서 1994년 3월에 출범하였다. 무엇보다도 일본을 바르게 알고 한국과 일본을 비교하면서 학문적, 문화적인 교류를 모색할 생각이다.

본 연구소는 일본학에 관한 자료를 수집하고 제반 과제를 한 · 일간에 공동으로 조사 연구하며 그 결과가 실제로 한 · 일관계 발전에 이바지할 수 있도록 노력하고자 한다. 그러한 사업의 일환으로 여기에 일본에 관한 기본적인 도서를 엄선하여 번역 출판하기로 했다. 아직 우리나라에는 일본에 관한 양서가 충분히 소개되지 못했다고 느껴지기 때문이다.

본 연구소는 조사와 연구, 기타 사업이 한국 전체를 위해야 한다고 생각하며 한 · 일 양국만이 아니라 다른 여러 나라의 연구자나 연구기관과 유대를 가지고 세계적인 시야에서 일을 추진해 나갈 것이다. 그러므로 누구나 열린 마음으로 본 연구소가 뜻하는 일에 참여해 주기를 바란다.

한림신서 일본학총서가 우리 문화에 기여하고 21세기를 향한 동북아시아의 상호 이해를 더하며 평화와 번영을 증진시키는 데 보탬이 되기를 바란다. 많은 분들의 성원을 기대해 마지않는다.

1995년 5월

한림대학교 일본학연구소

한림신서 일본학총서 80

언어로 살펴본 일본 문화

초판 발행 2005년 2월 28일
초판 2쇄 2017년 5월 30일

지 은 이 스즈키 다카오
옮 긴 이 이길원

펴 낸 이 한림대학교 일본학연구소
펴 낸 곳 도서출판 소화
등 록 제13-412호
주 소 서울시 영등포구 버드나루로 69
전 화 02-2677-5890(대표)
팩 스 02-2636-6393
홈페이지 www.sowha.com

ISBN 978-89-8410-270-9 94080
ISBN 978-89-8410-105-2 (세트)

잘못된 책은 언제나 바꾸어 드립니다.

값 7,000원